Nicole Rusch

Zu diesem Buch

Menschen beeinflussen einander tagtäglich – und das nicht immer nur zum Guten. Tatsächlich haben viele Verhaltensweisen das Ziel, andere zu schädigen, zu schwächen oder in Angst zu versetzen, um so die eigene Position zu stärken. Aggressionen zeigen sich in Form von physischer Gewalt oder verbalen Mißhandlungen, häufiger noch verbergen sie sich hinter einer Maske scheinbaren Wohlwollens, die mitunter schwer zu durchschauen ist. Gaslichttechniken, benannt nach dem berühmten Film «Gaslight» mit Ingrid Bergman und Charles Boyer, wie Lüge, Täuschung, Betrug und Intrige, die die Realitätssicht verzerren; Erwartungen anderer, die jemanden an der Realität scheitern lassen und ihn dadurch demoralisieren; Zuschreibungen, die ihn auf Rollen festlegen und sein Selbstbild untergraben – all diese Angriffe haben Auswirkungen auf das seelische Wohlbefinden.

Es sind gerade die intimen Beziehungen – Partnerschaft, Ehe, Familie –, die das destruktive Potential in sich tragen. Hier ist man offen und verletzlich, abhängig in dem Maße, in dem man auf die Tragfähigkeit gerade dieser Beziehungen baut; hier liegt für viele die Quelle des Selbstwertgefühls.

Claudia Szczesny-Friedmann analysiert und beschreibt in ihrem Buch, wie Psychoterror in Beziehungen funktioniert. Ihr Anliegen ist es, diese Mechanismen zu entkräften: denn was man durchschaut hat, dem kann man sich entgegenstellen.

Die Autorin

Claudia Szczesny-Friedmann, Dipl.-Psychologin, Therapeutin, Autorin und Journalistin, lebt in München. Sie veröffentlichte im Rowohlt Taschenbuch Verlag bisher: «Die neue Großfamilie – Notlösung oder Zukunftsmodell» (rosach 60105).

Claudia Szczesny-Friedmann

Du machst mich noch verrückt

Psychoterror in Beziehungen

Rowohlt

Originalausgabe
Veröffentlicht im Rowohlt Taschenbuch Verlag GmbH,
Reinbek bei Hamburg, Februar 1999
Copyright © 1999 by Rowohlt Taschenbuch Verlag GmbH,
Reinbek bei Hamburg
Redaktion TEXT + STIL Sybil Volks
Umschlaggestaltung Cordula Schmidt
(Foto: Tony Stone Images, Josh Pulman)
Satz Minion und Bell Centennial (PageOne)
Gesamtherstellung Clausen & Bosse, Leck
Printed in Germany
ISBN 3 499 60646 1

Inhalt

Ziel der Aggressionen: andere beherrschen

Ziel der Aggressionen: sich selbst seelisch entlasten

Und wer trägt die Verantwortung?

Auswege: Was Sie tun können, wenn Sie im Privaten Opfer solcher Aggressionen geworden sind

Vorwort:
«Edel sei der Mensch,
hilfreich und gut»

Es ist eine ebenso bedauerliche wie unausweichliche menschliche Erfahrung, daß unsere Mitmenschen uns nicht immer so nett, rücksichtsvoll und zuvorkommend behandeln, wie wir dies für uns erhoffen. Gerade dort, wo wir unsere größten Glückserwartungen hegen, in den Beziehungen zu anderen Menschen, liegt eine der Hauptquellen menschlichen Unglücklichseins. Wir werden von anderen verlassen und verraten, belogen und betrogen, angegriffen, gedemütigt, ausgenutzt und überfahren. Und das nicht nur von Menschen, die uns gleichgültig gegenüberstehen oder sogar feindlich gesonnen sind, sondern auch von denen, die wir lieben und deren Liebe wir erwarten. Tatsächlich erscheinen Differenzen und Feindseligkeiten gerade zwischen Menschen, die sich nahestehen, unvermeidlich. Denn wie ernsthaft sich jemand auch darum bemühen mag, in Harmonie mit seinen Nächsten zu leben, so wird er doch bereits mit seiner persönlichen Vorstellung von Harmonie bisweilen auf Widerstand und Ablehnung stoßen. Die Interessen von Mann und Frau etwa, oder auch die von Eltern und Kindern, können recht unterschiedlich und mitunter sogar völlig unvereinbar sein. Da die meisten Menschen es vorziehen, ihre eigenen Ansichten und Interessen durchzusetzen, anstatt sich stets nach den anderen zu richten, ist im Zusammenleben selbst mit hochgeschätzten anderen unbedingt auch mit deren

7

Aggressionen zu rechnen. Ebenso darf auch der Anteil eigener Feindseligkeit nicht unterschätzt werden.

Fällt es uns schon schwer, die An- und Übergriffe unliebsamer Zeitgenossen als unerläßliche Begleiterscheinungen des Daseins hinzunehmen, so wollen wir erst recht nicht wahrhaben, daß selbst die, die uns am Herzen liegen, uns nicht immer nur mit Wohlwollen begegnen. Statt uns angemessen auf die möglichen Aggressionen unserer Mitmenschen vorzubereiten, haben wir lediglich recht anspruchsvolle Vorstellungen darüber entwickelt, wie der Mensch sein sollte, um mit ihm auskommen zu können: mindestens edel, hilfreich und gut. Alle Appelle an unsere moralische Gesinnung haben das Böse bislang jedoch nicht aus der Welt schaffen können, sondern nur viele Menschen zu der irrigen Annahme verleitet, daß sie ein Recht auf Anständigkeit hätten, solange sie sich selbst anständig benehmen. Dieser Trugschluß wird nicht zuletzt durch eine Erziehung befördert, die den Heranwachsenden moralische Forderungen nahezubringen versucht. Dagegen ist an sich nichts einzuwenden; man möchte die Jugendlichen jedoch meist zu dem Glauben verführen, daß alle anderen Menschen, insbesondere Erwachsene, die ethischen Vorschriften, nach denen sie sich richten sollen, musterhaft erfüllen – obwohl ein Blick in die Tageszeitung oder in eine Nachrichtensendung schnell eines anderen belehrt. «Indem sie die Jugend mit so unrichtiger psychologischer Orientierung ins Leben entläßt», vermerkt Sigmund Freud, «benimmt sich die Erziehung nicht anders, als wenn man Leute, die auf eine Polarexpedition gehen, mit Sommerkleidern und Karten der oberitalienischen Seen ausrüsten würde.»[1]

Wenn man davon ausgeht, daß alle Verhaltensweisen, die einen anderen Menschen schädigen, schwächen oder in Angst versetzen, als «aggressiv» zu bezeichnen sind, dann erkennt man ohne weiteres, wie verbreitet Aggressionen auch im «normalen», friedlichen Alltag sind. Kaum ein Tag im Leben eines Menschen vergeht, ohne daß er zum Opfer offener oder verdeckter Angriffe würde – es sei denn, und das gilt nur für sehr wenige Menschen, er befände sich in einer unangreifbaren Position. So harmlos die alltäglichen Feindseligkeiten auch erscheinen mögen – ein herabsetzendes Wort, ein Blick, der uns übersieht, eine bedrohliche Geste –, so beeinträchtigen sie doch unser Wohlbefinden: Wir fühlen uns kleiner, schwächer, nicht mehr so selbstsicher und zuversichtlich wie morgens um sieben, als die Welt noch in Ordnung war. Um so schlimmer und weitreichender sind die Folgen, wenn wir zur Zielscheibe bösartiger und ausdauernder Attacken werden, wenn wir etwa häufig angeschrien, sogar tätlich bedroht oder zum Opfer einer der vielfältigen Strategien gemacht werden, bei denen sich die Aggressionen hinter einer Maske scheinbaren Wohlwollens verbirgt. Nun steht unsere seelische und womöglich auch unsere körperliche Gesundheit auf dem Spiel.

Dennoch schenken wir der Fähigkeit und Bereitschaft unserer Mitmenschen, uns und unser Lebensglück zu beeinträchtigen, im allgemeinen wenig Aufmerksamkeit. Noch weniger nehmen wir Notiz von unserer eigenen Aggressivität, die danach trachtet, andere in ihren Möglichkeiten zu beschneiden.

Wenn man sich dagegen ansieht, wie weit die Sexualaufklärung in diesem Jahrhundert gediehen ist! Seit Sigmund Freud auf das Schweigen aufmerksam machte, mit dem man die Sexualität umgab, auf die Umwege, die sie unter dem Diktat einer strengen Sexualmoral gezwungen war zu nehmen, auf die Leiden, welche die Unterdrückung der menschlichen Triebnatur im Auftrag der Kultur forderte, gewann die Sexualität zunehmend an Popularität. Von nun an nahm das Reden über Sex, die intensive Beschäftigung mit all seinen Spielarten, das offene Bekenntnis zu den Begierden aufklärerischen und subversiven Charakter an. Über Sexualität zu reden hieß nun, Aufklärung im besten Sinne des Wortes zu betreiben, eben nicht nur Sexualaufklärung, sondern auch Aufklärung über die Mechanismen der Unterdrückung, des Leidens und der Lust. Die Tabus zu brechen, mit denen man die Sexualität belegt hatte, war zwar mit Angst und mit Scham, aber auch mit der Hoffnung auf Freiheit und Glück assoziiert.

Ganz anders erging es der Aggression. So gern und so freizügig wir inzwischen über Sex reden, so verschwiegen sind wir weiterhin im Hinblick auf unser destruktives Potential. Es sei dahingestellt, ob die menschliche Aggressivität in der Natur des Menschen selbst begründet ist oder eher eine Folge jener unglückseligen Gesellschaftsordnungen, die sich die Menschen gegeben haben: fest steht, daß Menschen grausam, aggressiv und zerstörerisch sein können. Weil ihre destruktiven Folgen unübersehbar sind, dachte niemand daran, die Aggression zu «befreien»; aber es dachte auch niemand daran, sie (wie die Sexualität) in allen ihren Schlupfwinkeln aufzuspüren, um sie dann um so besser kontrollieren zu können. Man begnügte sich mit einem schlichten Verbot und der Haltung, daß nicht sein kann, was nicht sein darf. Statt sich um die Entwicklung moralischen Verhaltens zu kümmern, appellierte man einfach an die moralische Gesinnung: Die Bändigung unserer Feindseligkeit gilt uns als wesentliches Kennzeichen von «Zivilisiertheit».

Eine vielbeachtete These des Soziologen Norbert Elias besagt, daß aggressive Gefühle in früheren Epochen weit spontaner und ungebrochener ausgelebt wurden als heute. Das Leben eines Ritters beispielsweise hätte ohne direkten Haß auf den Gegner, ohne offene Kampfeslust seinen Sinn verloren. Die spätere zivilisatorische Entwicklung wäre dagegen, Elias zufolge, ohne die Neutralisierung und Kanalisierung von Emotionen, ohne eine Affektdämpfung nicht möglich gewesen. Die moderne Industriegesellschaft schließlich hat die Selbstbeherrschung des einzelnen zur unabdingbaren Voraussetzung.

Dennoch ist Friedfertigkeit kein Wert, der in unserer Kultur uneingeschränkt Zustimmung fände. Viele sehen wie der Soziologe und Philosoph Arnold Gehlen darin die Moral der politisch Verantwortungslosen, derjenigen, welche die praktischen Konsequenzen ihrer hochherzigen Gesinnung nicht zu berücksichtigen brauchen. Pazifismus, der Hang zu Sicherheit und Komfort, das Interesse am mitfühlbaren mitmenschlichen Detail, die Bereitschaft, Menschen uneingeschränkt zu tolerieren – sie alle gelten als Qualitäten, die Frauen im Interesse ihrer Kinder im Familienkreis pflegen. Draußen, so ließe sich fortfahren, in jener rauhen Wirklichkeit der Männer, sind demnach andere Tugenden gefragt: die Fähigkeit etwa, sich durchzusetzen und zu behaupten, die Bereitschaft, Konflikte auszutragen, das Vermögen, eigenmächtig und damit auch gegen die Interessen anderer zu handeln. Hier bedeutet Friedfertigkeit Verzicht auf Macht und Eigeninteresse, und es wird unterstellt, daß ein solcher Verzicht in keinem Fall freiwillig geleistet würde: So wird Friedfertigkeit zum Signal für Unterlegenheit. In diesem Sinne äußerte auch die amerikanische Soziologin Hannah Arendt einmal die Ansicht, daß Güte, Solidarität und Menschlichkeit die Privilegien der Parias, also der Unterprivilegierten seien.

Unser Verhältnis zur Aggression ist somit ein zwiespältiges: Einerseits können und wollen wir Feindseligkeiten im allgemeinen nicht billigen, schon gar nicht dann, wenn sie sich gegen uns selbst richten; andererseits hat Friedfertigkeit für uns auch das Odium der Schonungsbedürftigkeit, der Machtlosigkeit und der Dekadenz. Deshalb können wir uns nicht wirklich dazu durchringen, Aggression, wo und in welchem Gewand auch immer sie auftreten mag, zu bekämpfen. Wer sich nicht nur anpassen, sondern auch durchsetzen will, der darf schließlich nicht allzu zimperlich sein. «Denn», so schreibt der berüchtigte Machtexperte Niccolo Machiavelli, «zwischen dem Leben, wie es ist und wie es sein sollte, ist ein so gewaltiger Unterschied,

11

daß, wer das, was man tut, aufgibt für das, was man tun sollte, eher seinen Untergang als seine Erhaltung bewirkt. Ein Mensch, der immer nur das Gute tun wollte, muß zugrunde gehen unter so vielen, die nicht gut sind. Daher muß ein Fürst, der sich behaupten will, auch imstande sein, nicht gut zu handeln und das Gute zu tun und zu lassen, wie es die Umstände fordern.»[2] Denn so sehr wir die menschliche Aggression auch ablehnen, so schätzen wir sie doch zugleich als Mittel der Selbst- und der Machterhaltung. Aggression kann zu Macht verhelfen; und wer Macht hat, kann seine Aggression meist ungestraft ausleben.

Für sensiblere Naturen wird das Dilemma zwischen der ethischen Forderung nach dem moralisch Guten einerseits und der praktischen Forderung nach Durchsetzung der eigenen Interessen andererseits in den zivilisierten Ländern so gelöst, daß jede Aggression einer Rechtfertigung bedarf. Aggression um der Aggression willen ist verboten; Aggression aber, für die sich gute Gründe finden lassen, ist keine Aggression mehr, sondern Selbstbehauptung oder die Fähigkeit, sich durchzusetzen. So können Menschen in Machtpositionen das Gute lassen, ohne das Böse zu tun, denn sie verfügen in der Regel über das Rechtfertigungsmonopol.

Aggressionen gegenüber den Eltern beispielsweise sind Kindern verboten; sie lassen sich nämlich durch gar nichts rechtfertigen, weil Eltern bekanntlich stets nur das Beste für ihre Kinder wollen. Aus genau diesem Grund aber sind Aggressionen der Eltern gegenüber den Kindern nicht nur erlaubt, sondern bisweilen geradezu geboten, denn Eltern haben schließlich einen Erziehungsauftrag. Von Anfang an erfährt das Kind, daß erstens Aggression in allen Formen, auch in den abgeschwächten der Drohung, der Beschimpfung, der Erniedrigung, der Vernachlässigung und des Liebesentzugs, äußerst wirkungsvoll sein kann und daß zweitens all diese schmerzhaften, erschreckenden, Schuld und Angst erzeugenden Methoden durch ihre

Zwecke geheiligt sind. Das Machtgefälle zwischen Erwachsenen und Kindern ist deshalb so erdrückend, weil erstere nicht nur über überlegene Kräfte, Kenntnisse und Machtmittel verfügen, sondern darüber hinaus auch über die Wortgewalt, die es ihnen unter allen Umständen erlaubt, ihre Auffassungen und Handlungsweisen als legitim auszuweisen.

Ein Kind, das seine Eltern anschreit oder sogar angreift, gilt als aggressiv. Solange es noch klein ist, neigen wir zur Nachsicht, weil wir meinen, daß es erst noch lernen müsse, sich zu beherrschen. Wenn es größer ist, schicken wir es zum Psychologen, denn nun halten wir es für verhaltensgestört. Eltern, die ihre Kinder anschreien, gelten dagegen weder als unverhältnismäßig aggressiv noch als behandlungsbedürftig; wir würden sie allenfalls als streng ansehen oder auch als überlastet. Solche Entschuldigungen gelten für Menschen in unterlegenen Positionen nicht. Chefs, die schreien, bezeichnet man als cholerisch; ihr Mangel an Selbstbeherrschung ist also Folge ihres Temperaments, und im allgemeinen wird nicht erwartet, daß ein Mensch in Machtposition lernen müßte, sein Temperament zu zügeln. Kann man sich einen cholerischen Angestellten vorstellen? Wohl kaum. Falls er zu Wutausbrüchen neigt, so wird er diese zu Hause, im Kreis seiner Familie abreagieren, und nicht gegenüber dem Chef.

Wir neigen also dazu, Menschen in untergeordneten Positionen zu verbieten, ihre Aggressionen zu zeigen. Mögen sie auch innerlich vor Wut kochen, so wird doch von ihnen erwartet, sich gegenüber höhergestellten Personen zu beherrschen. Kinder sehnen sich deshalb oft danach, erwachsen zu sein, um endlich einmal Schläge austeilen zu dürfen, anstatt sie immer nur einstecken zu müssen. In der Zwischenzeit beobachten sie die Erwachsenen, die häufig gerade im Umgang mit den Kindern jene Selbstbeherrschung vermissen lassen, die sie eigentlich auszeichnen sollte. Die Kinder merken sich die Lektionen und die durch sie vermittelten Botschaften, offizielle und geheime, beabsichtigte und unbeabsichtigte. Je weniger man ihnen die Berechtigung einräumt, ihrerseits zuweilen «aggressiv» zu sein, desto gründlicher werden sie die Erwachsenentechniken der Aggressionsausübung bei gleichzeitiger Aggressionsverleugnung erwerben.

Die herrschende Moral ist also keineswegs die Moral derjenigen, die herrschen, sondern umgekehrt die Moral für diejenigen, die beherrscht werden. Das Gute zu predigen und zugleich als Schwäche zu verachten ist dagegen Sache der Herrschenden. Mit der erklärten Absicht, bessere Menschen aus ihren Nachkommen zu machen, haben Erwachsene deshalb seit jeher Kinder und Jugendliche nach Prinzipien erzogen, an die sie selbst sich nicht halten. «Gut sein ist vornehm», sagte Mark Twain, «aber anderen beizubringen, wie man gut ist, ist noch vornehmer und strengt weniger an.»

Physische Gewalt
und verbale Mißhandlung
in privaten Beziehungen

Wortgefechte: die verbale Aggression des Power-Play

Viele zwischenmenschliche Beziehungen weisen ein mehr oder weniger deutliches Machtgefälle auf. Wer die überlegene Position einnimmt, der kann seine Interessen leichter durchsetzen als der Unterlegene. So sind Eltern im allgemeinen in der Lage, ihr Kind zu einem Verhalten zu bewegen oder auch zu zwingen, das es von sich aus nicht zeigen würde, und ein Chef kann von seinem Angestellten mehr Entgegenkommen erwarten als umgekehrt dieser von ihm. Wenn beide Parteien die prinzipielle Ungleichheit in ihrer Beziehung akzeptieren, so spricht nichts dagegen, daß diese sehr harmonisch verläuft: Der Herr läßt seine Wünsche wissen, und der Sklave erfüllt sie.

Die meisten Beziehungen funktionieren jedoch nicht so reibungslos. Zum einen wird die Ungleichheit als solche seit den Tagen der Französischen Revolution nur ungern akzeptiert. Unserem demokratischen Glaubensbekenntnis zufolge sind alle Menschen gleich. Differenzen zwischen ihnen sollten deshalb nicht vom jeweils Stärkeren oder Mächtigeren entschieden, sondern in vernunftgeleiteten Diskussionsrunden beigelegt werden.

Daß wir von diesem Ideal egalitärer und partnerschaftlicher

Beziehungen noch meilenweit entfernt sind, ist jedermann bekannt. Dennoch widerstrebt es den meisten Menschen, Anweisungen anderer schlicht zu befolgen. Schon kleine Kinder verlangen mitunter Begründungen für Anordnungen und Befehle, deren Sinn sie nicht verstehen; Erwachsene behalten sich in der Regel ihre eigene Meinung vor, auch wenn sie diese nicht immer laut zu äußern wagen.

Zudem fühlen sich Menschen in der unterlegenen Position über kurz oder lang (meist zu Recht) benachteiligt und streben danach, die Machtposition des Stärkeren zu untergraben. Sobald der Überlegene aber durch einfaches Bitten oder Fordern nicht mehr weiterkommt, greift dieser zum «Power-Play»: Er wird aggressiv, um sich zu behaupten.

Mit «Power-Play» – Macht-Spiel – sind alle Methoden gemeint, mit denen Menschen in überlegener Position andere einzuschüchtern und zu bestimmten Handlungen zu nötigen suchen. Dabei geht es jedoch nur vordergründig um die Durchsetzung bestimmter Wünsche oder Befehle; Ziel des Power-Play ist vielmehr der Beweis der eigenen Macht. Die Demonstration von Stärke und Überlegenheit erfolgt meist in einzelnen Schüben, die an Intensität beständig zunehmen, bis das Opfer einem Hagelschauer von «Schlägen» ausgesetzt ist. Einen solchen Höhepunkt beim Power-Play beschreibt folgendes Beispiel:

«Ich war sehr erschöpft, weil ich versuchte, eine Seminararbeit zu beenden. Wir hatten eine Woche lang ungewöhnlich heftige Regenfälle gehabt, und ohne daß ich es gemerkt hatte, stand die Garage unter Wasser. Ich tippte gerade meine Arbeit, als Mark hereinkam und sagte, er wolle mir etwas zeigen. Ich folgte ihm gehorsam in die Garage und sah, daß das Wasser ein paar Kartons mit Kleidern durchweicht hatte, die ich für das Rote Kreuz gepackt hatte. Er fing an mit: ‹Du verdammtes, gedankenloses, feministisches Arschloch! Du kannst nichts anderes, als an deiner verfluchten Schreibmaschine sitzen. Einen Dreck kümmerst du dich um das Haus oder um mich oder wie schwer ich arbeite.› Er schrie aus vollem Hals, während ich versuchte, die Kartons aus dem Wasser zu ziehen. Doch er brüllte immer weiter: ‹Du denkst, dein Arsch sei aus Platin. Findest dich zu schade für Hausarbeit!› Als ich die Kartons ins Trockene gebracht hatte, ging ich ins Haus zurück, doch er folgte mir, wobei er die ganze Zeit schrie und tobte. Ich konnte einfach nicht entkommen. Ich war so aufgeregt, daß ich nicht weiterarbeiten konnte, weil meine Hände so zitterten.»[1]

Unter zivilisierten Menschen stellt die verbale Attacke das weitaus gebräuchlichste Mittel beim Power-Play dar. Im Gegensatz zur rohen Gewalt genießt der Wortangriff den Vorzug, keine sichtbaren Spuren zu hinterlassen und deshalb auch nicht die Mißbilligung Dritter nach sich zu ziehen. Weil Mienenspiel, Gebärden und Lautstärke des Aggressors meist noch verraten, daß die Worte ein Ersatz für die Schläge sind, die er austeilen könnte, sind verbale Aggressionen überdies äußerst effektiv, wenn es darum geht, andere einzuschüchtern.

In unserem Beispiel vermag das Gebrüll des Ehemannes nicht nur die sinnvolle Arbeit seiner Frau wirkungsvoll zu unterbrechen, sondern ihr darüber hinaus die Möglichkeit zu nehmen, diese Arbeit fortzuführen – an sich schon ein äußerst frustrierendes Erlebnis, das, konsequent fortgesetzt, beim Betroffenen massive Arbeitsstörungen hervorrufen kann. (Was wiederum beweisen würde, daß der Aggressor seinem Opfer zu Recht Vorwürfe macht, weil dieses eben nicht in der Lage ist, irgendeine Arbeit anständig zu Ende zu führen!) Zweitens verhindert die Massivität der verbalen Attacke, daß die so Attackierte ihrerseits angreift, etwa indem die Frau hier fragen würde, warum ihr Ehemann Mark denn nicht auch seinen Arsch in Bewegung setzt und ihr dabei hilft, die Garage wieder trocken zu kriegen. Drittens fühlt sich der Angegriffene meist in einem diffusen Sinn auch schuldig. Denn, so haben wir es als Kinder im Umgang mit unseren Eltern gelernt, wenn man angegriffen wird, dann deshalb, weil man selbst böse war, und nicht etwa deshalb, weil der Angreifer böse ist. Häufig steht die Aggressivität des Angreifers jedoch in keinem Verhältnis zum Anlaß, den er für seine Attacke wählt, was das Opfer in einen Zustand noch größerer Verwirrung stürzt.

Welch tiefgreifende Auswirkungen verbale Angriffe auch auf selbstbewußte Erwachsene haben, erfährt man beispielsweise von Psychotherapeuten, die mit sogenannten «Borderline-Fällen» arbeiten, das heißt mit Patienten, die nicht neurotisch-gehemmt, sondern im Gegenteil sehr aggressiv sind. Für den Therapeuten verbietet es sich von selbst, auf die Aggressionen eines Patienten mit Gegenaggression zu reagieren: Da er seinem Patienten helfen will, bemüht er sich vielmehr um eine grundsätzlich wohlwollende Haltung ihm gegenüber. Gerade dies wird ihm dann aber bisweilen zum Verhängnis: Da er sich gegen die An- und Übergriffe seines Patienten nicht wehren darf, kann er zum hilflosen Opfer der Aggressionen dieses Patienten werden. Überdies wird er in einer solchen Situation mit beträchtlichen Schuldgefühlen zu kämpfen haben, weil die fortgesetzte Aggressivität des Patienten ja ein Beweis dafür ist, daß es dem Therapeuten nicht gelungen ist, den Zustand seines Patienten zu verbessern.

Man bedenke, daß Psychotherapeuten besonders geschult im Umgang mit Menschen sind und daß sie mit ihren Patienten nur jeweils stundenweise innerhalb eines genau abgesteckten Rahmens zusammenkommen. Um wieviel wirkungsvoller müssen also verbale Attacken beispielsweise gegenüber einem Kind sein, das nicht über die Kenntnisse und das Selbstbewußtsein eines Therapeuten verfügt, die Beziehung zu seinen Eltern nicht aufkündigen kann und ihnen buchstäblich Tag und Nacht ausgeliefert ist? Oder gegenüber einem Ehepartner, der die

Hoffnung nicht aufgegeben hat, doch noch eine gute Ehe zu führen, gegenüber einem Angestellten, der nicht zu kündigen wagt, weil er fürchtet, keine neue Stelle mehr zu finden? In all diesen Fällen, in denen der Angegriffene aus welchen Gründen auch immer an der Beziehung zum Angreifer festhalten will oder muß, stehen die Chancen des Aggressors, durch Schimpfen und Schreien Fügsamkeit zu erzwingen, besonders gut.

Gleichgültig, ob man aggressiven Menschen ein diagnostisches Etikett wie «Borderline» anhängt oder nicht (es sind zumeist Frauen, deren Aggressivität solcherart beanstandet wird, während männliche Aggressivität eher als «normal» gilt), vermögen sie das seelische Gleichgewicht ihrer Opfer empfindlich zu stören. Dies setzt allerdings voraus, daß der, den sie attackieren, von ihnen abhängig ist.

Da der Therapeut es als seine Aufgabe ansieht, dem Patienten zu helfen, ist er nicht ohne weiteres in der Lage, die Beziehung abzubrechen; dies käme dem Eingeständnis einer persönlichen und beruflichen Niederlage gleich. Aus ähnlichen Gründen halten auch physisch oder verbal mißhandelte Ehefrauen häufig an der Ehe fest. Meist trauen sie es sich nicht zu, alleine für sich und ihre Kinder zu sorgen; außerdem fühlen sie sich zuständig für das Gelingen von Ehe und Familie, deren Scheitern sie folglich als persönliches Scheitern begreifen. Ähnlich wie Therapeuten bemühen sich Frauen deshalb meist darum, einmal eingegangene Bindungen aufrechtzuerhalten, auch um den Preis der persönlichen Erniedrigung. Sie müssen sich dann allerdings den Vorwurf gefallen lassen, «masochistisch» zu sein, das heißt, ihre Mißhandlung zu provozieren und in irgendeiner Form sogar zu genießen. Tatsächlich verfolgt der, der Aggressionen stillschweigend duldet, in der überwiegenden Mehrzahl der Fälle lediglich das Ziel, den Abbruch einer für ihn wichtigen Beziehung zu verhindern, sie nach Möglichkeit vielleicht sogar zu verbessern. Statt auf die Aggression mit Gegenaggression zu reagieren, versucht das Opfer deshalb meist, den Täter günstig zu stimmen, indem es seine Wünsche und Absichten errät und ihnen in vorauseilendem Gehorsam zuvorkommt.

Die Unterwürfigkeit des Opfers mag Außenstehenden oft gänzlich unangemessen erscheinen. Der Angegriffene handelt jedoch im Einklang mit einer weitverbreiteten und auch von Wissenschaftlern vertretenen Theorie, wonach menschliche Aggression immer eine Reaktion auf eine vorangegangene Frustration ist. Es ist dies eine schöne und eine tröstliche Theorie, denn sie impliziert schließlich, daß jede menschliche Aggression sich in nichts auflösen würde, wenn es nur gelänge, die Quellen der aggressionsauslösenden Frustration auszumachen und auszuschalten.

Leider funktioniert diese Theorie in der Praxis oft nicht. Das Aggressionsopfer bemüht sich zwar redlich, die Ursachen der aggressiven Attacken, denen es ausgesetzt ist, aufzuspüren und nach Möglichkeit zu beseitigen; doch im Regelfall werden die Angriffe bei ausbleibender Gegenwehr noch heftiger, weil der Aggressor für sie durch die Fügsamkeit seines Opfers belohnt wird. Seine Attacken stellen dann in der Regel keine Reaktion auf eine Herausforderung oder auf eine Frustration dar, sondern dienen der Selbstbestätigung.

In den USA hat man sich in großangelegten Versuchen darum bemüht, der menschlichen Aggressivität durch größtmögliche Toleranz beizukommen. Gruppen von ausgewählten Kleinkindern versuchte man jegliche frustrierende Erfahrung beim Aufwachsen zu ersparen. Das Ergebnis war erschreckend: Die sogenannten «non-frustration-children» waren weitaus aggressiver als ihre weniger fürsorglich behandelten Altersgenossen. Die Nachgiebigkeit der Erwachsenen hatte nicht zu besonders großer Friedfertigkeit geführt, sondern im Gegenteil zu einer erhöhten Reizbarkeit: Schon geringfügige Anlässe genügten, um Agressionen auszulösen.[2] Über ähnliche Beobachtungen an Erwachsenen schreibt Konrad Lorenz:

> «Wer jemals in Kriegsgefangenschaft oder auf einer Expedition mit guten Freunden zusammen von fremden Menschen isoliert gelebt hat, kennt die als Polarkrankheit oder Expeditionskoller bezeichnete Erscheinung. Da man keinen normalen Anlaß für aggressives Verhalten hat, wird man reizbar gegen den besten Freund und reagiert auf zufällige kleine Eigenheiten, darauf, wie einer sich schneuzt oder räuspert, genauso, als ob diese harmlosen Äußerungen schwerste Beleidigungen wären.»[3]

Aggression bedarf keineswegs immer einer ärgernden Provokation; wenn erst einmal die Entdeckung gemacht worden ist, daß man aggressive Impulse ungestraft ausleben kann und dabei sogar noch Selbstbestätigung erfährt, so reichen auch nichtige Anlässe zur Auslösung aus. Obgleich durch die alltäglichsten Beobachtungen tausendfach widerlegt, erfreut sich die Frustrations-Aggressions-Theorie jedoch weiterhin größter Beliebtheit, weil sie suggeriert, Aggression entstünde stets aus einer Position der Frustration, also der Ohnmacht heraus. Nur wem es nicht gelingt, seine eigenen Interessen und Wünsche auf gesellschaftlich anerkanntem Wege durchzusetzen, muß nach dieser Theorie zu aggressiven Handlungen als «ultima ratio» greifen; wer dagegen über genügend Macht und Einfluß verfügt, der hat es gar nicht nötig, solche Mittel anzuwenden. «Böse» wären demnach immer nur die Schwachen, während die Starken «gut» sind.

Tatsächlich aber setzen Menschen in überlegenen Positionen Aggressionen weitaus häufiger ein als Menschen in unterlegenen Positionen. Es mag zwar gelegentlich vorkommen, daß Menschen, denen es verwehrt ist, die eigenen Interessen durchzusetzen, jene angreifen, die sie an der Verwirklichung ihrer Pläne hindern. Es wäre dies dann ein Aufstand oder eine Revolution, und wir bringen denen, die sich daran beteiligen, mitun-

21

ter große Bewunderung, aber auch eine gute Position Mißtrauen entgegen. Daß sie sich gegen einen Überlegenen oder gegen eine überlegene Macht (zum Beispiel gegen die öffentliche
Meinung) wenden, spricht zwar für ihre Courage; es heißt aber
auch, daß die Angst vor Vergeltung bei ihnen ihre disziplinie-
rende Wirkung verfehlt. Und in diesem Boden, so wird geargwöhnt, wurzelt die Anarchie.

In der Regel unterläßt aber der Unterlegene, wie sehr und
wie oft er auch frustriert worden sein mag, aggressive Handlungen gegenüber einem Überlegenen. Statt sich der Gefahr eines
womöglich vernichtenden Vergeltungsschlages auszusetzen,
sucht sich der Frustrierte meist seinerseits wieder einen Unterlegenen, an dem er seine Wut und seinen Zorn ungestraft auslassen kann. Power-Play – der Einsatz von Aggressionen zur
Selbstbehauptung und Selbstbestätigung und nicht zuletzt zum
Erhalt des Status quo – findet also fast immer von oben nach
unten statt.

Physische Gewalt: das Recht des Stärkeren

Das einfachste Mittel, sich zu behaupten, ist die Anwendung
physischer Gewalt. Die längste Zeit in der Geschichte der
Menschheit galt denn auch das Recht des Stärkeren. Als zivilisierte Menschen neigen wir jedoch dazu, allen Formen offener
körperlicher Aggression reserviert gegenüberzustehen und sie –
von Ausnahmefällen abgesehen, in denen sie uns als Ultima ratio gerechtfertigt erscheinen – zu verdammen. So schreibt der
Soziologe Richard Senett in seinem Buch über «Autorität»:

«Ich habe mich zuweilen gefragt, wie ein Zeitgenosse reagierte,
der in einen Haushalt mit Dienstpersonal aus der Zeit des 18. Jahr-

hunderts oder in eine Fabrik des frühen 19. Jahrhunderts zurückversetzt würde: Der Schock zu sehen, wie die Mächtigen ihre Überlegenheit durch körperliche Mißhandlung ihrer Bediensteten oder ihrer Arbeiter demonstrierten, wäre für uns niederschmetternd. In den Häusern des Ancien Regime wurden die Bediensteten geohrfeigt und getreten, die Frauen nicht anders als die Männer; in einer Fabrik des 19. Jahrhunderts dachte sich der Vorarbeiter nichts dabei, wenn er es mit einem Arbeiter, der irgend etwas vermurkst hatte, genauso machte, und der Arbeiter oder der Bedienstete dachte sich ebenfalls nichts dabei. Es war selbstverständlich.»[4]

Allmählich veränderte sich jedoch die Einstellung gegenüber jeder Form von öffentlich demonstrierter physischer Gewalt. Die Mächtigen wurden zusehends zurückhaltender, denn Körperverletzung galt nun als unzivilisiert. Ende des 19. Jahrhunderts wurde sogar die Prügelstrafe in den Schulen verboten, allerdings nicht in erster Linie deshalb, weil sie Schmerzen verursachte, sondern weil sie unhygienisch war: Die Wunden, die die Kinder davontrugen, entzündeten sich leicht und zogen mitunter so schwere Erkrankungen nach sich, daß der disziplinarische Nutzen des Prügelns und Schlagens im Verhältnis zu den Folgekosten nur mehr gering schien.

Ende des 20. Jahrhunderts schließlich hat die zunehmende Sensibilisierung für das Recht jedes Menschen auf körperliche Unversehrtheit und die Unangemessenheit physischer Aggression einen Grad erreicht, der eine umfassende Reform des geltenden Strafrechts notwendig erscheinen läßt. In der Süddeutschen Zeitung vom 5./6.10.96 schreibt Heribert Prantl über den Gesetzentwurf zur Neuordnung des Strafens in Deutschland:

«Das deutsche Strafrecht stimmt hinten und vorne nicht zusammen. Geld und Vermögen sind dem geltenden Strafrecht wichtiger als das Leben und die körperliche Unversehrtheit ... Der räuberische Griff in die Kasse ist danach viel schlimmer als ein Messerstich in die Brust ... Man muß sich nur den Fall vor Augen halten, der vom Landgericht Lüneburg entschieden worden ist. Ein junges Paar aus Süddeutschland hatte am Oldenstätter See in der Lüneburger Heide ein Zelt aufgeschlagen. Morgens um vier Uhr wurden die beiden von zwei Männern aus dem Schlaf gerissen und mit einer Pistole bedroht. Den jungen Mann fesselten sie an einen Baum, das Mädchen und das Zelt nahmen sie mit. Zwei Tage lang quälten sie das Mädchen, erzwangen Geschlechtsverkehr, Oralverkehr und Analverkehr. Die Richter verhängten folgende Strafen: Fünf Jahre für den schweren Raub des Zeltes – vier Jahre für die Vergewaltigungen und die sexuelle Nötigung ...»[5]

Nicht die Richter sind schuld an diesem ungeheuerlichen Urteil, sondern das Gesetz. Es geht zurück auf eine Zeit vor etwa 130 Jahren, in der das geltende Strafgesetzbuch formuliert worden ist – in der Blütezeit des Kapitalismus also. Der Schutz der finanziellen Interessen fand viel stärkere Berücksichtigung als der Schutz vor körperlichen Angriffen. Denn Selbstverteidigung war damals selbstverständlicher als heute: Der gemeine Mann schlug zurück, und in den besseren Kreisen duellierte man sich. Nothilfe suchte man nicht in erster Linie bei der Polizei, sondern in der unmittelbaren sozialen Umgebung. Man wehrte sich «privat».

Das Strafrecht aus dem 19. Jahrhundert, das auch unsere heutige Rechtsauffassung noch bestimmt, berücksichtigte also in erster Linie das Eigentumsrecht des erwachsenen Mannes, von dem man überdies annehmen konnte, daß er in der Lage war, Leib und Leben selbst zu verteidigen. Weniger Aufmerksamkeit schenkte das Strafrecht den Besitzlosen und denen, die sich nicht wehren konnten, Alten, Kranken, Frauen und Kindern.

Frauen und Kinder sind auch heute noch die bevorzugten

Opfer physischer Gewalt. Diese findet allerdings meist nur noch dort Anwendung, wo sie den Blicken der Öffentlichkeit entzogen ist: zu Hause, im Kreis der Familie. In Kanada und den USA werden mehr Menschen Opfer von Gewalttätigkeiten in Ehe und Familie als von Autounfällen, Vergewaltigungen und Raubüberfällen zusammen. Während der Zeit des Vietnamkrieges, in dem 39 000 amerikanische Soldaten getötet wurden, starben 17 500 Frauen und Kinder in den USA als Folge von Gewalt in der Familie. Die amerikanische Psychiaterin Judith Lewis Herman zitiert ein Opfer:

> «Ich sah, wie mein Vater den Hund durch das Zimmer schleuderte. Der Hund war mein ein und alles. Ich ging hin und streichelte ihn. Vater war sehr wütend. Er brüllte, stieß mich herum und nannte mich eine Hure, eine Nutte. Sein Gesicht sah sehr häßlich aus, wie das Gesicht eines Fremden. Er sagte, er werde mir schon zeigen, zu was ich gut sei, wenn ich mich für so etwas Besonderes hielte. Er drückte mich gegen die Wand. Um mich herum wurde alles weiß. Ich konnte mich nicht bewegen. Ich hatte Angst, in zwei Teile zu zerbrechen. Dann wurde ich ohnmächtig. Ich dachte: Jetzt stirbst du wirklich. Egal, was du getan hast, das ist das Urteil.»[6]

In Familien, in denen Mißbrauch vorkommt, ist die elterliche Macht willkürlich, launisch und absolut. Das Verhältnis zwischen Eltern und Kindern und oft genug auch zwischen Mann und Frau entspricht in diesen Fällen dem zwischen Herrn und Knecht im 18. oder 19. Jahrhundert. Wer die Macht hat, hat automatisch das Recht auf seiner Seite, auch das Recht auf die Anwendung physischer Gewalt. Es gibt keine Regeln, an die sich das Opfer halten könnte, um einem Gewaltausbruch zu entgehen. Was heute erlaubt ist – etwa ein Buch zu lesen oder laut zu singen –, zieht morgen massive Aggressionen auf sich.

Da wurde etwa ein Dreijähriger von dem Freund seiner

Mutter zu Tode geprügelt, nicht etwa, weil er laut war oder ungezogen, sondern weil er so ruhig war, «provozierend ruhig», wie der Täter aussagte. Ignatius Z., der für den Mord an seiner Frau und seiner sechsjährigen Tochter, den er in einem Anfall von «Jähzorn» begangen hatte, zu lebenslänglicher Haft verurteilt worden war, meinte, daß die Strafe zu hoch sei. Schließlich sei er nicht «gemeingefährlich», gefährlich sei er nur für seine Familie gewesen, und «die ist jetzt ja weg».[7]

Sozialwissenschaftler pflegen unser Leben in zwei Sphären einzuteilen: in das öffentliche und in das private Leben. Die Öffentlichkeit, traditionellerweise den Männern vorbehalten, gilt als kalt und abweisend, denn sie ist nach zweckrationalen Prinzipien organisiert, die dem grundlegenden Bedürfnis des Menschen nach Nähe und Vertrauen entgegenstehen. Dieser vereisten Zone wird die private Sphäre als ein Ort der Geborgenheit gegenübergestellt, an den man sich aus dem feindlichen öffentlichen Leben zurückziehen kann. Hier herrschen Frieden und gegenseitiges Verständnis, hier kann sich der einzelne vom kräftezehrenden Aufenthalt in der Öffentlichkeit erholen.

Angesichts der Tatsachen erscheint dies freilich als eine sehr einseitige Sicht der Dinge. Und der Verdacht liegt nahe, daß es sich dabei um die männliche Perspektive auf die Welt handelt: Männer ziehen hinaus ins feindliche Leben, wo sie ihre Kräfte mit anderen Männern messen, um dann wieder zurückzukehren an den heimischen Herd, wo sie Beachtung, Verständnis und Zuwendung finden. Frauen und Kinder jedoch, deren Hauptaufenthaltsort oft die Privatsphäre ist, werden gerade dort am häufigsten zu Opfern nackter Gewalt. Öffentlichkeit bedeutet ja nicht nur ein Weniger an Intimität, sondern auch ein Mehr an sozialer Kontrolle. Was hier geschieht, ist dem prüfenden Blick aller zugänglich, während Privatheit gerade deshalb zur Gefahr werden kann, weil sie Zuschauer ausschließt. Während die einen ihr Zuhause schätzen, weil sie dort tun und lassen können, was sie wollen, wird für andere dieses gleiche Zuhause zur mitunter tödlichen Falle, weil sie dort Menschen ausgesetzt sind, die eben meinen, daß sie tun und lassen können, was sie wollen.

Sind Frauen friedlich und Männer aggressiv?

In François Truffauts Film «Der Wolfjunge» versucht ein Arzt, aus einem unter Wölfen aufgewachsenen Jungen einen zivilisierten Menschen zu machen. Der zutrauliche Viktor, wie Truffaut den Jungen nennt, lernt, auf eine rudimentäre Weise zu sprechen und zu zählen, aber diese kleinen Erfolge lassen letztlich keine Schlüsse darüber zu, ob dem Arzt sein Erziehungswerk gelungen ist. In einem Augenblick der Mutlosigkeit beschließt er nun, den Jungen auf eine Probe zu stellen, die eindeutig zeigen soll, ob dieser wie ein Mensch empfindet: Wird er sich wehren, wenn er ungerecht bestraft wird? Der Arzt weiß, daß Viktor Strafe hinnimmt – indem er sich in eine Kammer einsperren läßt –, wenn er einen Fehler gemacht hat. Er versucht, ihn nun einzusperren, nachdem er eine Aufgabe richtig ausgeführt hat. Viktor wehrt sich mit aller Kraft, und erfreut stellt der Arzt fest, daß in dem Jungen das wesentlichste Element, das den Menschen ausmacht, vorhanden ist.

Was ist das für ein Element? Es ist nach Truffauts Auffassung offenbar die Fähigkeit, Unrecht als solches zu empfinden und sich dagegen zu wehren. Macht dies den Menschen aus? Wohl nicht. Ich denke, dies ist eine Vorstellung, die wir mit Männlichkeit, nicht aber mit Weiblichkeit verbinden. Ein Mann läßt sich nichts gefallen. Von einer Frau wird dagegen auch im Falle einer ungerechten Bestrafung erwartet, daß sie sich unterwirft, ja daß sie sogar mit noch größerer Anpassungs- und Unterwerfungsbereitschaft reagiert, wenn ihr Unrecht zugefügt worden ist. Denn Mädchen lernen nicht, sich gegen Aggressoren zu verteidigen, sondern sie zu verstehen, ihnen zu verzeihen und vor allem: sie zu besänftigen.

Dazu gehört es auch, den tatsächlichen oder potentiellen Aggressor von der eigenen Harmlosigkeit zu überzeugen. Schau her, signalisiert Marilyn Monroe als anerkanntes Vollweib, ich bin zu klein, zu schwach, zu unwissend und zu naiv, um ein ernstzunehmender Gegner für dich zu sein. In Abenteuer- und Actionfilmen tritt die weibliche Heldin ihre Flucht vor dem Bösen deshalb auch regelmäßig in Stöckelschuhen an, wodurch sie sich selbst zwar behindert, dem Bösewicht aber die Genugtuung verschafft, sich im Vergleich zu ihr noch stärker und geschickter zu fühlen, und dem männlichen Helden die Gelegenheit, als ihr Beschützer tätig zu werden.

Mädchen wird also beigebracht, die Kehle hinzuhalten, statt sich entschieden zur Wehr zu setzen. Man wiegt sie in dem Glauben, daß Demutsgesten beim Angreifer Beißhemmungen auslösen, wenn nicht gar den Wunsch, dieses so rührend schwache und hilflose Wesen zu beschützen. Das ist aber keineswegs immer der Fall. Selbst kleine Kinder, die Beschützerinstinkte noch weitaus zuverlässiger auslösen sollten als etwa erwachsene Frauen, werden Opfer von Gewalt. Denn gerade Signale der Schwäche und Hilflosigkeit können Aggressionen beim Gegenüber provozieren, zum einen, weil es nun deutlich erkennt, daß es in der überlegenen Position ist und dies möglicherweise ausnutzt, zum anderen, weil der moralische Appell selbst, der im demonstrativen Verzicht auf Selbstbehauptung liegt, bereits Unwillen zu erregen vermag.

Jungen lernen deshalb bereits im Schulalter, Stärke und Überlegenheit notfalls vorzutäuschen, um nicht zum Opfer der Übergriffe anderer zu werden, während Mädchen darauf vertrauen sollen, daß allein ihre Harmlosigkeit besticht. Denn jede

Form der Aggression, selbst die der Gegenwehr, gilt als unweiblich. Man mag Frauen nicht, die dezidiert nein sagen, sich einen Platz in der vordersten Reihe zu erkämpfen suchen oder sogar zurückschlagen, wenn sie angegriffen werden. Aber man mag andererseits auch Menschen nicht, die sich alles gefallen lassen, anderen keine Grenzen setzen können, nicht selbst für sich einstehen. Für sich selbst verantwortlich zu sein, sich jedoch nicht durchsetzen und wehren zu dürfen, das ist heute das Dilemma vieler Frauen. Die Psychotherapeutin Angelika Wagner berichtet:

> «K. kam zu mir in die Therapie, weil sie von sich sagte: ‹Ich kann mich nicht wehren!› Und sie hatte tatsächlich große Selbstbehauptungsschwierigkeiten ihrer Mutter, ihren Kolleginnen und ihrem gewalttätigen Freund gegenüber, von dem sie sich nicht trennen konnte oder wollte. In der Therapie stellte sich folgender Kernkonflikt heraus: Sie muß sich wehren, um nicht abgelehnt zu werden und alleine dazustehen, und zugleich darf sie sich nicht wehren, weil sie sonst abgelehnt werden könnte und alleine dastünde. Kein Wunder, daß ihr in den entsprechenden Situationen ‹nichts einfiel›. ‹Mir fällt nie was ein, was ich tun könnte, was für Mittel ich zur Verfügung habe, denn ich muß irgendwelche Mittel zur Verfügung haben, damit ich was machen kann ...›»[8]

Die meisten Mädchen werden nach wie vor für ein Leben in Abhängigkeit erzogen – in Abhängigkeit von mächtigen Anderen, unter deren Schutz sie stehen und denen sie folglich gehorchen sollen. Die Prinzessinnen im Märchen treten nicht für sich selbst ein, wenn sie von Drachen oder bösen Stiefmüttern bedroht werden, sondern warten in passiver, wenn auch anmutiger Haltung darauf, daß ein Mann sie erlöst. Dieser besiegt den Drachen und wirft die alte Hexe ins Feuer; die Prinzessin steht bewundernd daneben. Zu guter Letzt heiratet sie ihren Retter, und das kleine Mädchen, das die Geschichte hört, soll nun davon ausgehen, daß die Probleme der Prinzessin damit ein für allemal gelöst sind.

In Wirklichkeit verwandelt sich der Retter später gar nicht so selten selbst in einen Aggressor, vor dem sich zu schützen die Prinzessin aber leider nicht gelernt hat. So bezahlt sie für ihre «Friedfertigkeit» mit dem Verlust ihrer Integrität, wenn nicht ihrer seelischen Gesundheit. Judith Herman, amerikanische Professorin für Psychiatrie an der Harvard University, hat eindringlich auf den Zusammenhang zwischen männlicher Gewalt und psychischen Störungen bei Frauen hingewiesen:

«Erst nach 1980, als der Einsatz der Kriegsveteranen den Begriff ‹posttraumatische Störung› etabliert hatte, wurde klar, daß das psychische Syndrom, das bei den Überlebenden von Vergewaltigung, Gewalt in der Familie und Inzest zu beobachten ist, im wesentlichen dasselbe ist wie das Syndrom der Kriegsüberlebenden. Die Implikationen dieser Erkenntnis sind heute genauso entsetzlich wie vor einem Jahrhundert: Die untergeordnete Stellung der Frau wird aufrechterhalten durch die versteckte Gewalt von Männern. Zwischen den Geschlechtern herrscht Krieg. Vergewaltigungsopfer, geschlagene Frauen und sexuell mißbrauchte Kinder sind die Opfer dieses Krieges ... die typischen und häufigsten Opfer posttraumatischer Störungen sind nicht Männer im Krieg, sondern Frauen im bürgerlichen Alltag.»[9]

Menschen, die über einen längeren Zeitraum hinweg immer wieder traumatischen Erfahrungen ausgesetzt waren, wie dies sowohl für Soldaten als auch für die Opfer häuslicher Gewalt kennzeichnend ist, befinden sich in einem Zustand chronischer Übererregung. Diese äußert sich nicht nur in Unruhe und Schlaflosigkeit, sondern auch in zahlreichen somatischen Beschwerden. Sehr häufig treten Spannungskopfschmerzen, Magen-Darm-Beschwerden und Bauch-, Rücken- oder Beckenschmerzen auf. Manche Opfer klagen über Zittern, Würgereize oder Herzklopfen. Die auffälligsten Symptome sind jedoch Vermeidungs- und Rückzugsstrategien, die praktisch alle Lebensbereiche betreffen können: Beziehungen, Beschäftigungen, Gedanken, Erinnerungen, Gefühle und sogar Wahrnehmungen. Die Folge ist eine extreme Verarmung und Vereinsamung des Innenlebens, die nach außen hin als Depression sichtbar wird.

Während Mädchen auf Selbstbehauptung und sogar auf Gegenwehr verzichten, um dem drohenden Gespenst der Unbeliebtheit und der Einsamkeit zu entgehen, müssen Jungen rechtzeitig lernen, sich zu wehren, um in den Kampf mit den Drachen ziehen zu können. Offene Aggression bei männlichen Kindern und Jugendlichen findet deshalb die stillschweigende Billigung auch pazifistisch eingestellter Erwachsener: Aus Muttersöhnchen sollen schließlich einmal Männer werden. Raufereien, gegenseitige Schikanen und Beleidigungen, die Einschüchterung der jeweils Jüngeren sind fester Bestandteil des normalen schulischen Alltags von Jungen, während Mädchen sich in gegenseitiger Anpassung üben und im Ernstfall Schutz bei Erwachsenen suchen. Alle heranwachsenden Jungen erfahren, daß sie Überlegenheit anstreben müssen, weil Unterlegenheit die Gefahr einer ernsthaften Schädigung oder Demütigung durch andere in sich birgt. Außerdem werden Stärke und Überlegenheit in unserer Gesellschaft als die wesentlichen Kennzeichen von Männlichkeit ausgewiesen – eine Bestimmung, welche ihre Bestätigung wiederum in der augenfälligen Dominanz der Männer in Gesellschaft und Familie findet.

Hier stellt sich für Heranwachsende allerdings das Problem, daß männliche Überlegenheit nicht von vornherein gegeben ist. Als Kinder sind Jungen den Älteren und Mächtigeren ebenso wehrlos ausgeliefert wie Mädchen. Gleichzeitig müssen sie jedoch eine Fiktion von Stärke aufrechterhalten, um nicht als «weibisch» zu gelten. Man erwartet auch von kleinen Jungen, daß sie stark und aktiv sind, Situationen kontrollieren und sich wehren können. Sie werden von vornherein als potentielle Täter, nicht aber als Opfer angesehen.

Tatsächlich werden Jungen jedoch fast ebenso häufig wie Mädchen zum Opfer von sexuellem Mißbrauch und körperlichen Mißhandlungen. Auf diese Tatsache wurde zum ersten Mal im deutschsprachigen Raum 1896 von Sigmund Freud hingewiesen. In allen 18 von ihm beschriebenen Fällen (sechs Männer und zwölf Frauen) berichteten die Patienten von sexuellen Mißhandlungen durch Erwachsene oder ältere Geschwister. Obwohl Freud sowohl Mädchen als auch Jungen als Opfer sexueller Gewalt auswies, wurden die Jungen in den nachfolgenden Diskussionen nicht mehr erwähnt. Der sexuelle Mißbrauch von Jungen ist bis heute weitgehend unbeachtet geblieben, obwohl nach vorsichtigen Schätzungen etwa jeder sechste bis elfte Junge betroffen ist.[10]

Die Erfahrung körperlicher Mißhandlung dürfte bei Jungen sogar noch weiter verbreitet sein als bei Mädchen. Jungen sind in der Peer Group tätlichen Angriffen ausgesetzt, und manche Eltern, die physische Gewalt als disziplinarisches Mittel akzeptabel finden («Eine Ohrfeige ab und an hat noch niemandem geschadet!»), mögen einem Jungen gegenüber weniger Aggressionshemmungen haben als bei einem Mädchen.

Den Jungen bleibt nichts übrig, als die ihnen zugewiesene Rolle zu übernehmen. Als Opfer von Gewalt decken sie den Täter noch weitaus häufiger als Mädchen mit ihrem Schweigen, weil sie eine überwältigende Scham darüber empfinden, ihrer Rolle nicht gerecht geworden zu sein. Die Erfahrung der Unterlegenheit wird für sie zu einer persönlichen Niederlage, die durch Klagen und Anklagen und damit dem Herstellen von Öffentlichkeit nur noch verstärkt werden würde. Mädchen dagegen werden dazu angehalten, aus der Not der Unterlegenheit eine Tugend zu machen. Aus niedlichen Mädchen sollen charmante Frauen werden, die sich lächelnd fügen. Das weibliche gilt als das friedfertige Geschlecht, weil ein spezifisches Geschlechterarrangement Frauen zu Mitmenschlichkeit und Unterwerfung verpflichtet, während Männern ein höheres Maß an Durchsetzungswillen und Aggressivität nicht nur zugestanden, sondern sogar von ihnen erwartet wird.

Diese Doppelmoral leitet sich von dem im 19. Jahrhundert unternommenen Versuch her, zwei einander gänzlich widersprechende Wertsysteme miteinander zu verbinden: die protestantische Ethik und den Kapitalismus. Während der Protestantismus Nächstenliebe forderte, ging es in der Frühzeit des Kapitalismus in erster Linie darum, diesen Nächsten skrupellos auszubeuten. Der Spagat zwischen dem moralisch Guten auf der einen Seite und dem wirtschaftlich Nützlichen auf der anderen Seite wurde in den gehobenen Schichten dadurch bewältigt, daß man den Geschlechtern je unterschiedliche Aufgaben zuwies: den Frauen die Wohltätigkeit, den Männern die Eigennützigkeit. Konkret sah dies zu Beginn der Industrialisierung etwa so aus, daß die Gattin eines reichen Fabrikbesitzers jenen Schaden wieder auszugleichen suchte, den ihr Mann anrichtete: Er ließ Kinder 18 Stunden am Tag gegen geringen Lohn für sich arbeiten, sie bedachte eben jene Kinder mit mildtätigen Gaben ...

«Die neue Idee des moralisch Guten galt für alle. Um die Kosten für die Männer zu begrenzen, wurde eine neue Arbeitsteilung geschaffen, und die Last, die Anforderungen einer gänzlich vom Gewissen bestimmten Lebensweise zu erfüllen, wurde vollständig den Frauen aufgebürdet ... Den expliziten Wert von Männlichkeit sah man nicht in moralischer Vervollkommnung, sondern im Herrschaftswillen.»[11]

Entsprechend divergierende Wege geht man tendenziell auch heute noch bei der Sozialisation der Geschlechter: Töchtern wird beigebracht, die Auswirkungen ihres eigenen Verhaltens auf das Wohlbefinden anderer zu berücksichtigen, während Söhne in erster Linie darauf achten sollen, mit ihrem Tun Erfolg zu haben und nicht die Mißbilligung der Mächtigen zu erregen.

Es kann gar nicht nachdrücklich genug darauf hingewiesen werden, welch fundamentaler Unterschied zwischen diesen beiden Verhaltensrichtlinien besteht. Jungen, die den eigenen Erfolg anstreben und den eigenen Mißerfolg vermeiden sollen, verfolgen damit eine glasklare Linie auf dem Weg nach oben. Gut ist, was ihnen nützt, schlecht ist, was ihnen schadet. Vor dem Hintergrund eines solch kühlen Nutzen-Kosten-Kalküls fallen Entscheidungen leicht.

Mädchen dagegen werden durch die von ihnen geforderte Rücksichtnahme auf andere in ein moralisches Dilemma gestürzt, das ihre Entschlußfreudigkeit und den Antrieb zu eigenständigem Handeln häufig lähmt. Zwar dürfen auch sie Erfolg anstreben und Mißerfolg vermeiden, allerdings nur unter der Voraussetzung, daß dadurch kein anderer beeinträchtigt, zurückgesetzt oder in seinen Gefühlen verletzt wird. Wer dazu angehalten ist, nicht nur an sich selbst, sondern auch an die anderen zu denken, der kann das größte Stück vom Kuchen aber nicht länger unbefangen für sich selbst beanspruchen, der kann nicht Sieger sein, wenn er dadurch einen anderen zum Verlierer macht, der darf nicht nein sagen, wenn er um etwas gebeten wird, was einem anderen wichtig erscheint. Während Jungen auf Sieg programmiert werden, setzt man in den Köpfen der Mädchen irreführende Vorstellungen fest wie: «Hilfsbereitschaft wird belohnt. Ich muß tun, was von mir erwartet wird. Brave Mädchen konkurrieren nicht. Wer sich erniedrigt, der wird erhöht. Ich muß Verständnis haben für die seelischen Schwierigkeiten der anderen. Die Wünsche aller müssen unter einen Hut gebracht werden. Andere Leute sind wichtiger als ich!» Solche Glaubenssätze stehen hinter der Bereitschaft, sich zu unterwerfen, und verhindern aggressives, selbstbehauptendes Verhalten – und damit auch die Möglichkeit, in eine überlegene Position zu gelangen.

Nach dem Schema der persönlichen Kostenminimierung-Nutzenmaximierung lernen Jungen auch, daß Aggressionen, die sie gegen andere einsetzen, durchaus zum Ziel führen können. Den Mädchen dagegen wird durch ihr «Gewissen» jeder Ausdruck von Aggression versagt: Sie machen deshalb durchweg einen friedfertigeren Eindruck als die Vertreter des «starken Geschlechts». Tatsächlich sind Männer jedoch nicht von Natur aus aggressiver als Frauen. Einschlägige Untersuchungen kommen vielmehr zu dem Ergebnis, daß Frauen und Männer sich nicht in der Häufigkeit und in dem Ausmaß, in dem sie Wut empfinden, unterscheiden. Aber sie unterscheiden sich deutlich in der Häufigkeit, mit der sie sich aggressiv verhalten. Männer akzeptieren ihre eigene Aggressivität als Bestandteil eines positiven Selbstbildes, während Frauen ihre Aggressivität schlichtweg ablehnen. Wie der Psychologe Jack Hokanson herausfand, hat Aggression bei Männern deshalb eine katharthische Wirkung, allerdings nur, wenn sie gegen einen Unterlegenen gerichtet ist. Einem Überlegenen gegenüber aggressiv zu sein ist auch für Männer eine angstbesetzte Handlung, die keinesfalls Erleichterung bewirkt. Für Frauen dagegen ist jede Aggression, selbst einem Kind gegenüber, so unangenehm und aufwühlend wie für Männer die Aggression einer Autoritätsperson gegenüber.

Hokanson schloß aus seinen Untersuchungsergebnissen, daß offen aggressives Verhalten eine erlernte Reaktion auf Wut ist, keine instinktive. Die geschlechtsspezifische Sozialisation bestimmt die charakteristischen Methoden, mit denen Mann oder Frau mit unausstehlichen Mitmenschen fertig zu werden versuchen. Wenn Frauen auf Angriffe und Bedrohungen mit Lächeln, Freundlichkeit und beschwichtigenden Gesten reagieren, dann besänftigen sie auf traditionelle Weise die Wut des anderen – oft genug jedoch auf Kosten ihrer eigenen Rechte. Wenn sie dagegen wütend und aggressiv handeln, provozieren sie kritische Reaktionen («So eine blöde Ziege»), die wiederum ihre Erregung und Angst verstärken. Bei Männern gilt das Gegenteil: Aggression und Wut führen zu Respekt und dem gewünschten Ergebnis, während freundliche Beschwichtigung ein Zeichen von Kapitulation ist («So ein Schwächling»).[12]

Wie schnell jedoch auch Frauen unter Umständen am Erfolg lernen können, ersieht man aus einem Bericht von Christiane Lange und Isi Feifel im Magazin der Süddeutschen Zeitung (Juli 96):

«Für Dörte ist Schlagen wie Sport. Vor uns sitzt ein dünnes Mädchen mit langen blonden Haaren, um den Hals ein Palästinensertuch. Unsicher blickt sie aus ihren Mandelaugen, spielt nervös mit ihren Ringen. Stellt man sich so eine Schlägerkeule vor? Wir jedenfalls nicht. Doch genau dieses Mädchen ist früher regelmäßig zum Ostbahnhof oder Stachus gefahren, um, wie sie es nennt, ‹Aggressionen abzubauen›. Kurz: Um zu schlägern. Auf den Geschmack gekommen ist sie eher zufällig. Jedes Mädchen kennt diese Situation. Du gehst den Bahnsteig entlang und wirst von einem widerlichen Kerl angemacht. Er spricht dich blöd von der Seite an, legt den Arm um deine Schulter. Dörte reagierte diesmal anders: ‹Ich hab ihm einfach eine geschallert und bin gegangen.› Er ging hinterher, da drehte sie sich um und schlug ihm mitten ins Gesicht. Erst dann ließ er sie in Ruhe. Sie aber fühlte sich so gut wie schon lange nicht mehr. ‹Es war ein extrem cooles Gefühl›, sagt sie. Seit diesem Erlebnis fuhr sie immer, wenn sie Streß hatte, vor Wut auf alles nicht mehr richtig denken konnte, wieder zum Ostbahnhof oder Stachus, um darauf zu warten, daß sie jemand blöd anmacht ...»[13]

Wenn Frauen über gesellschaftliche und/oder persönliche Macht verfügen, so die These der Sozialwissenschaftlerin Claudia Heyne, dann neigen auch sie Schwächeren gegenüber in nicht unerheblichem Maße zu aggressivem und sogar gewalttätigem Verhalten. Die Friedfertigkeit der Frau ist demnach kein Zeichen von moralischer Überlegenheit, sondern im Gegenteil: von sozialer Unterlegenheit. Die Feministin Alice Schwarzer meint dazu:

«...ich glaube nicht an die angeborene Friedfertigkeit der Frauen! Ich glaube nicht daran, daß Frauen ‹von Natur aus› besser sind als Männer. Ich glaube nicht, daß es in einer Gesellschaft, in der Frauen die (oder mehr) Macht hätten, automatisch auch friedfertiger zugehen würde! ... Frauen sind bestenfalls aufgrund ihrer Prägungen und Lebensumstände menschlicher und schlimmstenfalls nur gut, weil sie eben nicht die Macht zum Bösen haben.»[14]

Aggressives Verhalten: ein unkontrollierbarer Gefühlsausbruch oder eiskalte Strategie?

Im allgemeinen vermag die geschlechtsspezifische Sozialisation weibliche Aggression weit nachhaltiger zu unterdrücken als männliche. Die unterschiedliche Erziehung der Geschlechter führt aber auch dazu, wie Anne Campbell nachweist, daß erwachsene Männer und Frauen ihre Aggression ganz unterschiedlich beurteilen. Frauen glauben, daß sie von einem bedauerlichen Verlust der Selbstkontrolle herrührt, während Männer aggressives Verhalten als Mittel betrachten, Kontrolle über andere zu gewinnen.[15] Für beide alltagstheoretischen Auffassungen gibt es jeweils ein wissenschaftliches Pendant. Die menschliche Aggression auf einen Mangel an Selbstbeherrschung zurückzuführen ist eine Auffassung, die Frauen mit vielen Pädagogen und Psychologen teilen, darunter auch mit einem so prominenten Menschenkenner wie Sigmund Freud. Seiner Meinung nach sind Sexualität und Aggression beide gleichermaßen in der Natur des Menschen angelegte Triebe, die auf Entladung drängen und der beständigen Kontrolle durch das reife und verantwortungsbewußte Ich bedürfen. Aufgabe der Erziehung ist es, die beiden großen Triebantagonisten unter die Herrschaft der Vernunft zu bringen. Im Laufe der frühkindlichen Entwicklung soll aus der Strafangst, die den drohenden Durchbruch eines sexuellen oder aggressiven Triebimpulses anzeigt, Gewissensangst werden: Der zivilisierte Mensch verzichtet nicht wegen der erwarteten Bestrafung durch andere auf die sofortige und egoistische Befriedigung seiner Triebbedürfnisse, sondern aufgrund verinnerlichter Wertvorstellungen, die bewirken, daß wir uns schuldig fühlen oder schämen. Aus dieser Perspektive stellt jede aggressive Äußerung oder Handlung einen Verlust der Selbstbeherrschung dar.

Anhänger der psychologischen Lerntheorie kümmern sich jedoch wenig um Triebe, Gefühle und die Möglichkeit ihrer Beherrschung. Ihrer Ansicht nach sind Aggressionen Verhaltensweisen wie alle anderen auch. Wenn sie zum Ziel führen und belohnt werden, so erhöht sich die Wahrscheinlichkeit ihres Auftretens; wenn sie bestraft werden oder andere Nachteile nach sich ziehen, werden sie unterlassen. Aus dieser Sicht ist es zwar eine unverzeihliche Dummheit, einen Überlegenen zu attackieren, aber kein moralisches Problem, einen Unterlegenen anzugreifen: Wenn dieser tut, was man von ihm will, dann hat man schließlich sein Ziel erreicht.

Für Freud und für viele Frauen gehören Wut und Aggression zusammen: Es sind Gefühle und aus diesen Gefühlen resultierende Handlungen, die in jedem Fall negativ und deshalb am besten zu unterdrücken sind. Die meisten Männer und Lerntheoretiker setzen dagegen auf den instrumentellen Wert aggressiver Handlungen: Dabei geht es nicht darum, Empörung zu signalisieren oder Dampf abzulassen, sondern das Verhalten anderer Personen zu kontrollieren. Und dies kann ebenso effizient, wenn nicht sogar effizienter erreicht werden, wenn keine Wut im Spiel ist.

Daß Männer Aggression strategisch benutzen, um Angst einzuflößen und Macht zu gewinnen, tritt deutlich in der von Campbell zitierten Aussage eines Mannes zutage, der sich selbst als unerbittlichen Schikaneur am Arbeitsplatz beschrieb: «Man konnte die Angst fast riechen, und das gab mir ein Gefühl von Macht … Keiner konnte mich unterkriegen … Ich kann aufrichtig sagen, daß kein Tag verging, an dem ich nicht jemanden anschrie …»[16]

Kalten Herzens auf einen anderen loszugehen, um ihn einzuschüchtern – diese Form der instrumentellen Aggression ist für die meisten Frauen undenkbar. Nicht nur, was sie selbst betrifft: Sie unterstellen auch anderen, daß diese stets darum bemüht sind, ihre aggressiven Gefühle im Zaum zu halten. Denn jeder, so meinen sie, müßte die unheilvollen Konsequenzen von Aggression – den Bruch von Beziehungen, den Verlust der Liebe anderer, die Möglichkeit, einen Freund zu verletzen – ebenso fürchten wie sie selbst. Wenn sich also ein Mann ihnen gegenüber aggressiv benimmt, so denken sie: Der Arme, er muß maßlos frustriert sein, daß er so die Beherrschung verliert. Sie kommen nicht auf die Idee, daß hier niemand die Beherrschung verliert, sondern im Gegenteil jemand versucht, sie zu beherrschen.

Da ist zum Beispiel der «jähzornige» Mensch. In der Regel handelt es sich dabei um einen Mann. Sein «Jähzorn» scheint so zu ihm zu gehören wie seine Kurzsichtigkeit oder seine Neigung zur Korpulenz. Er kann nichts dafür. Man kann ihm deswegen keine Vorwürfe machen. Mehr noch: Er ist dafür zu bedauern, daß er kein ausgeglicheneres Temperament in die Wiege gelegt bekommen hat. Isabelle, die einen solchen jähzornigen Mann zum Vater gehabt hat, erinnert sich daran, daß er an ihrem zehnten Geburtstag das komplette Küchengeschirr zerbrochen hat, weil sie sich nicht ausgiebig genug über sein Geschenk gefreut hatte.

«Von da an wußte ich, was Jähzorn war: Es konnte sehr plötzlich kommen, eigentlich immer, es war nicht vorhersehbar, und wenn du es überlebtest, so war das der reine Zufall. So kam es mir als Kind jedenfalls vor. Ich legte mir eine Überlebensstrategie zurecht. Das Wichtigste war, nicht aufzufallen, zumindest nicht unangenehm. Aber da man ja nie genau wußte, was angenehm und was unangenehm war, war es am sichersten, überhaupt nicht aufzufallen. Sobald Vati abends nach Hause kam, hörte ich auf, mehr als das absolut Notwendige zu sprechen. Ich achtete peinlichst darauf, die familiären Rituale einzuhalten: beim Geräusch der sich öffnenden Tür den Fernseher ausschalten, zur Tür gehen, lächeln, Vati Kuß geben, verschwinden. Beim Abendessen bitte und danke sagen, schön essen, die Hände auf den Tisch legen, nicht mit dem Stuhl wackeln, nicht als letzte fertig sein, abräumen, verschwinden. Beim Zubettgehen Aufgaben gemacht haben, Zähne putzen, nicht gleichzeitig aufs Klo wollen wie Vati, keinen Lärm machen, nicht trödeln, Gute-Nacht-Kuß geben, verschwinden.

Wir gingen alle wie auf Eiern. Ständig kontrollierten wir mit unseren Blicken seinen Gesichtsausdruck. Ein kleines Zucken mit den Augenbrauen, eine bestimmte Art zu atmen konnte ein Gewitter ankündigen. Wir waren eine fast perfekte metereologische Vati-Beobachtungs-Station, mit hochempfindlichen Sensoren ausgerüstet, die auf das kleinste Anzeichen Alarm gaben. So hielt er uns in Schach, auch meine Mutter.»[17]

Betrachtet man Jähzorn nicht als angeborenes, überschäumendes Temperament, das es bisweilen nicht gelingt zu zügeln, sondern als Mittel, sich anderen gegenüber durchzusetzen, so sieht man, daß die Methode einfach anzuwenden und zugleich äußerst effektiv ist: Man muß nur ab und zu «die Beherrschung verlieren», ein bißchen brüllen und toben, eine Türe eintreten oder ein wenig Geschirr zerschlagen, und schon hat man die anderen fest im Griff. Zwischen solchen «Anfällen» genügt es vollkommen, Anzeichen von schlechter Laune zu zeigen, die Stirn zu runzeln oder einen roten Kopf zu bekommen, damit die anderen parieren.

Männer freilich werden ein solches Verhalten meist durchschauen. Werden jedoch Frauen das Opfer solcher Einschüchterungsversuche, so halten sie in der Mehrzahl an der Überzeugung fest, daß der Täter selbst als bedauernswertes Opfer seines Temperaments / seiner frustrierenden Lebensumstände / seiner unglücklichen Kindheit anzusehen ist, Umständen also, die es ihm leider verwehren, sich gelassen zu zeigen.

Aus der weiblichen Aggressionstheorie erwächst den Frauen also ein doppelter Nachteil: Zum einen manövrieren sie sich durch einseitige Abrüstung in die unterlegene Position, zum anderen vermögen sie potentielle Gegner nicht einmal adäquat einzuschätzen. Das Bemühen um Verständnis für den anderen unterbindet nämlich nicht etwa nur eigene Aggressivität, sondern macht auch nachsichtig gegenüber der Aggressivität des anderen. «Er hat es doch nicht böse gemeint!» ist ein Ausspruch, der eigentlich nur von einer Frau stammen kann. Ein Mann würde dem entgegenhalten, daß sehr viele Menschen es nicht böse meinen und trotzdem großen Schaden anrichten.

Es gibt prinzipiell zwei Möglichkeiten, das Verhalten eines Menschen zu beurteilen: von «innen» her, in der Einfühlung in den anderen, im Nachempfinden seiner Entwicklung, in der Berücksichtigung seiner Lebensumstände, und von «außen» her, in der Wertung der Konsequenzen seines Verhaltens für andere. Wird die Außensicht verabsolutiert, so zerfällt die Welt in Schwarz und Weiß, in Gut und Böse. Das moralische Urteil fällt leicht, denn es gilt nur zu berücksichtigen, was der einzelne bewirkt oder angerichtet hat. Die «Innensicht» dagegen neigt dazu, das Böse ganz aus der Welt verschwinden zu lassen zugunsten eines allumfassenden Verstehens. Simone de Beauvoir schreibt:

> «Von außen gesehen, scheinen die Bösen böse und die Guten absolut gut zu sein. Je näher wir den einzelnen betrachten, um so mehr löst sich dieses eindeutige Bild auf. Kein Mensch ist in seinem Innern wirklich etwas … Erziehung, Komplexe, Mißerfolge, die gesamte Vergangenheit eines Menschen, die Totalität seines Verstricktseins in der Welt müßten berücksichtigt werden: Dann ließe sich sein Verhalten ganz sicher erklären; man kann selbst Hitler erklären, wenn man ihn gut genug gekannt hat. Doch erklären heißt bereits verstehen, heißt bereits: hinnehmen.»[18]

Jede Verhandlung vor einem Strafgericht offenbart das moralische Dilemma, das mit der Einführung der «Innensicht» entstanden ist: Sind nur die Konsequenzen einer Tat oder auch die Beweggründe des Täters sowie die Umstände, die zu der Tat führten, zu berücksichtigen, und in welchem Umfang? Während frühere Kulturen die Außensicht verabsolutierten, indem sie «Auge um Auge, Zahn um Zahn» forderten, bemühen sich die modernen zivilisierten Gesellschaften auch um ein Verständnis des Täters. Das geht mitunter so weit, daß der Berufsstand der bei Gericht tätigen Psychologen und Psychiater sich weit mehr für den Täter als für das Opfer interessiert und einsetzt: Sah sich der Täter in einer (subjektiv) ausweglosen Lage? Welche Kindheitserfahrungen haben ihn geprägt? Ist er gut integriert oder sozial isoliert? Kann er gebessert (resozialisiert) werden? Nicht immer kann das Gerechtigkeitsempfinden der Bevölkerung da mithalten: Wenn etwa ein Sexualstraftäter vorzeitig entlassen wird, weil der behandelnde und begutachtende Psychologe ihn «verstanden» hat, und dieser Mann dann hingeht, um wieder ein kleines Mädchen zu mißhandeln, zu mißbrauchen und schließlich umzubringen. Dann wird verständlicherweise die Frage laut, warum die Freiheit des Täters Vorrang vor dem Schutz des Opfers genießt.

Es ist auffällig, daß gerade bei der Beurteilung männlicher Gewalt stets die «weibliche», die expressive Aggressionstheorie Anwendung findet: Man spricht vom Triebtäter, was impliziert, daß der Aggressor bedauerlicherweise die Kontrolle über seine Triebe verloren hat, wobei sich meist nicht klar unterscheiden läßt, ob er von seinem Sexual- oder seinem Aggressionstrieb überwältigt wurde. In jedem Fall, so lautet die Argumentation, hat das rationale Ich die Kontrolle über das Verhalten des Täters verloren; und deshalb ist es für seine Taten auch nicht oder nur in beschränktem Umfang zur Rechenschaft zu ziehen.

Die Tatumstände liefern jedoch häufig genügend Anhaltspunkte dafür, daß der Täter selbst sich keineswegs als Bündel unbeherrschbarer Emotionen begreift, sondern eher der instrumentellen, «männlichen» Aggressionstheorie zuneigt: Ein Sexualstraftäter beispielsweise fällt nicht etwa bei Tageslicht über die nächstbeste Frau her, sondern er sucht sich sein Opfer, das gar nicht klein und wehrlos genug sein kann, meist sorgfältig aus und wartet dann auf eine günstige Gelegenheit, um sich ihm zu nähern. Sein Verstand funktioniert also noch gut genug, um ein Nutzen-Kosten-Kalkül anzustellen und das Risiko der Gegenwehr oder der Entdeckung möglichst gering zu halten.

Der Sozialwissenschaftler J. R. Conte befragte 1989 20 Männer im Alter von 20 bis 68 Jahren, die wegen sexuellen Kindesmißbrauchs straffällig geworden waren, nach ihrer Vorgehensweise. Die meisten der interviewten Täter äußerten eine Vorliebe für spezifische körperliche Merkmale, wie z. B. langes oder blondes Haar. Die nächste Frage lautete: «Wenn da mehr als ein Kind mit diesem Aussehen zur Verfügung stand, warum bevorzugten Sie ein Kind vor dem anderen?» Die Antworten auf diese Frage ließen darauf schließen, daß die Täter gezielt besonders verletzliche und wehrlose Kinder heraussuchen. Ein Täter sagt beispielsweise:

> «Ich würde das jüngste Kind wählen oder dasjenige, von dem ich glauben würde, daß es nicht darüber spricht. Ich würde wahrscheinlich das Kind auswählen, welches mehr bedürftig erscheint; das Kind, welches sich im Hintergrund hält oder auf dem Brüder oder Schwestern herumhacken. Dasjenige, welches gerne auf meinem Schoß sitzt. Dasjenige, welches Aufmerksamkeit und Streicheln mag.»[19]

Nicht alle, aber doch immerhin eine beträchtliche Anzahl von Gewalttaten und anderen aggressiven Handlungen werden «in cold blood», kaltblütig, begangen. Menschenfreundlichkeit und Verständnis stellen in diesen Fällen keine angemessene Form der Gegenwehr dar. Schlimmer noch: Die Innensicht löscht die Verantwortung des Täters aus. Statt Grenzen gesetzt zu bekommen, erhält er Zuwendung. So gehört es zu den ganz alltäglichen Szenarien, daß Frauen auf die An- und Übergriffe ihrer Männer nicht nur mit stillschweigender Duldung, sondern mit verstärkter Aufmerksamkeit und Fürsorge reagieren. Hinter diesem Verhalten steckt die expressive Aggressionstheorie, also die Annahme, daß ein Mensch nur deshalb aggressiv handelt, weil er seine Selbstbeherrschung nicht mehr aufrechterhalten kann. Solch ein Mensch, das meinen zumindest die meisten Frauen, ist zu bedauern, denn sie selbst werden von fürchterlichen Schuldgefühlen heimgesucht, wenn sie einmal die Selbstkontrolle verlieren und sich etwa dazu hinreißen lassen, ein ungezogenes Kind anzuschreien. Nur in Momenten der totalen Überforderung kann so etwas nach Meinung vieler Frauen geschehen. Also liegt der Schluß nahe, daß der Mann, der sie gerade körperlich oder verbal mißhandelt hat, überfordert ist oder auch unglücklich oder frustriert. Folglich erscheint es als Aufgabe der Frau, des Opfers, das seelische Gleichgewicht des Täters wieder zu stabilisieren, ihn aufzurichten, falls er unter einem Mangel an Erfolgserlebnissen leidet, ihn zu verwöhnen, falls er beruflich zu stark unter Druck stehen sollte. Aus der Perspektive der expressiven Aggressionstheorie mag dies alles angemessen und richtig sein; aus der Sicht der instrumentellen Aggressionstheorie bedeutet dies jedoch, daß der Täter für seine aggressiven Handlungen belohnt wird. Er wird Aggressionen als Mittel zum Zweck um so häufiger einsetzen, je mehr sich das Opfer darum bemüht, ihn zu beschwichtigen.

Wenn nicht sein kann, was nicht sein darf: Warum schützt das Opfer den Angreifer?

Das Verstehen, das Vergeben und das Hinnehmen funktionieren in der Regel von unten nach oben, also aus einer Position der Schwäche heraus. Kinder haben entgegen einem weitverbreiteten Vorurteil im allgemeinen mehr Nachsicht mit ihren Eltern als diese mit ihnen, Frauen bringen Männern mehr Verständnis entgegen als Männer Frauen, und die Gesellschaft als Ganzes bringt weit mehr Toleranz auf für die Mächtigen als für die Ohnmächtigen. Gleichzeitig verfügen die Mächtigen über das Rechtfertigungsmonopol: Sie können meist gute Gründe anführen für das, was sie tun, und ihre subjektive Sicht der Dinge genießt den Status der objektiven Wirklichkeit.

Doch damit nicht genug. Die Position der Überlegenen erfährt noch eine zusätzliche Absicherung durch ein gesellschaftlich verhängtes Wahrnehmungsverbot für ihre Taten, dessen Grundstein in unser aller Kindheit gelegt wird: «Du sollst nicht merken!» – so der Titel eines Buches der abtrünnigen Psychoanalytikerin Alice Miller, welche die einzelnen Stationen im Leben der meisten Menschen folgendermaßen nachzeichnet:

«1. Als kleines Kind Verletzungen empfangen, die niemand als Verletzungen ansieht;
2. auf den Schmerz nicht mit Zorn reagieren;
3. Dankbarkeit für die sogenannten Wohltaten zeigen;
4. alles vergessen;
5. im Erwachsenenalter den gespeicherten Zorn auf andere Menschen abladen oder ihn gegen sich selber richten.»[20]

Kinder können sich gegen die bewußten und unbewußten Grausamkeiten und Ungerechtigkeiten, die Eltern ihnen zufügen, nicht wehren, denn dies zieht empfindliche Strafen nach sich. Meist ist es den Kindern nicht einmal erlaubt, den Zorn oder den Schmerz auszudrücken, den sie empfinden, denn Eltern wollen fröhliche und gutgelaunte Kinder und keinesfalls solche, die ihr Selbstbild als gute Eltern in Frage stellen. Auf eine Kränkung auch nur mit stillem Rückzug zu reagieren bringt dem Kind meist neue Kränkungen und Vorwürfe ein, etwa «die beleidigte Leberwurst» zu spielen. Aggressiv, unbeherrscht, schlechtgelaunt oder vorwurfsvoll zu sein ist das alleinige Vorrecht der Mächtigen, in der Familie also der Eltern.

Noch heute können Väter despotisch über die Ihren herrschen, ihre Interessen mit dem offenen oder versteckten Verweis auf ihre körperliche, ökonomische oder psychologische Überlegenheit gegenüber den anderen Familienmitgliedern durchsetzen, einseitig Ansprüche an die Verfügbarkeit, Leistungs- und Unterwerfungsbereitschaft von Frau und Kindern stellen und eine Aggressivität an den Tag legen, die sie außerhalb der Familie ins gesellschaftliche Abseits bringen würde. Und nach wie vor erleben sich Frauen in der Beziehung zu ihren Kindern häufig zum ersten Mal in ihrem Leben in der überlegenen Position: Bei ihren Kindern können sie sich jederzeit Respekt verschaffen, ohne fürchten zu müssen, deshalb abgelehnt oder verlassen zu werden, ihre Aggression ruft keine nennenswerte Gegenaggression hervor, und wenn sie selbst erlittene Demütigungen weitergeben, so können sie sich doch der Verzeihung und Liebe des Kindes weiter sicher sein. Denn Kinder können es sich nicht leisten, die Schattenseiten ihrer Eltern auch nur wahrzunehmen, geschweige denn, gegen deren Ungerechtigkeit zu protestieren. Sich einzugestehen, daß die Eltern, die es liebt und an denen es hängt, ihm mit Feindseligkeit begegnen, würde einem Kind jenes Gefühl der Geborgenheit rauben, das es für sein psychisches Überleben dringend braucht. Wegen ihrer existentiellen Abhängigkeit von der Liebe der Eltern verleugnen Kinder ihre Erfahrungen mit dem Bösen innerhalb der Familie. Lieber nehmen sie alle Schuld auf sich, als denen, auf die sie angewiesen sind, böse Absichten unterstellen zu müssen. Alice Miller schreibt über ein vom Vater mißhandeltes Kind:

> «Seine Toleranz hat keine Grenzen, es ist immer treu und sogar stolz, daß sein Vater, der es brutal schlägt, niemals einem Tier etwas zuleide täte; es ist bereit, ihm alles zu verzeihen, die ganze Schuld immer auf sich zu nehmen, keinen Haß zu empfinden, alles Vorgefallene schnell zu vergessen, nichts nachzutragen, niemandem etwas zu erzählen, mit seinem Verhalten zu versuchen, neue Schläge zu vermeiden, herauszufinden, weshalb der Vater unzufrieden ist, ihn zu verstehen usw.»[21]

Ein Kind, das den Aggressionen seiner Eltern hilflos ausgeliefert ist, muß ungeheuerliche Anpassungsleistungen erbringen. Es muß sich das Vertrauen in Menschen bewahren, die sein Vertrauen nicht verdienen; es muß sich in einer Situation sicher fühlen, die äußerst bedrohlich und angsteinflößend ist; es darf trotz der Unberechenbarkeit seiner Umgebung nicht die «Fassung» verlieren und trotz der Hoffnungslosigkeit seiner Lage nicht aufgeben. All dies ist nur möglich, wenn weite Teile der Realität ausgeblendet oder verzerrt werden: Wenn das Kind Mißhandlungen und Ungerechtigkeiten «vergißt», die Gefahr verleugnet, in der es sich befindet, die Eltern von jeder Schuld und bösen Absicht freispricht und sie zu jenen Figuren idealisiert, die es zu seinem Schutz braucht. Seine Eltern so wahrzunehmen, wie sie wirklich sind, nämlich gestört, bösartig oder auch nur gleichgültig gegenüber ihrem Kind, könnte kein Kind ertragen. Deshalb greift es auf eine Vielzahl von Abwehrmechanismen zurück, die ihm helfen, seelisch zu überleben: Es lernt, Kränkungen oder Demütigungen, die ihm zugefügt werden, nicht mehr zu fühlen; für Mißhandlungen, die es erfährt, Begründungen zu finden, welche die Eltern entlasten; Vorfälle, die es erschreckt haben, aus dem Gedächtnis zu streichen und die Willkürherrschaft seiner Eltern als «Macht» zu bewundern.

Diese in der Kindheit erworbenen Abwehrmechanismen können im späteren Leben jederzeit reaktiviert werden. Die Wahrnehmungsabwehr gegenüber all jenen Aspekten, die einen wichtigen anderen «böse» oder auch nur gleichgültig gegenüber unserem Schicksal erscheinen lassen, steigert sich proportional zu dessen Macht und Bedeutung; je größer unsere Abhängigkeit, desto eher neigen wir dazu, unsere Augen vor der Realität zu verschließen, um uns weiterhin sicher fühlen zu können. Umgekehrt bedeutet dies: Je ohnmächtiger und hilfloser wir sind, desto «naiver» und gutgläubiger sind wir zugleich. Je stärker dagegen unsere Position, desto stärker ist auch unser Mißtrauen, denn nun können wir es uns leisten, den ungeschminkten Tatsachen ins Auge zu sehen.

Wie wir alle wissen, ist Naivität in der Regel Frauensache, Argwohn Männersache. Eine Reihe von Studien über Angst und Aggression zeigt, daß Frauen die Wahrnehmung aggressiver Inhalte abwehren. Legt man ihnen Bilder vor, die Männer ohne weiteres erkennen lassen, daß die abgebildeten Personen sich streiten oder daß sie eine Szene vor sich haben, bei der eine Person durch eine andere bedroht wird, so neigen Frauen zu einer verharmlosenden Interpretation des gleichen Materials. Dieser Trend zeigt sich auch in Studien, die nachweisen, daß Frauen signifikant länger brauchen als Männer, um Situationen von Gefahr und Gewalt zu identifizieren.[22]

Daß die Naivität der Frauen eine künstliche ist, eine unter dem Druck der Verhältnisse erzwungene Selbstbeschränkung, erkennt man an scheinbar nebensächlichen Details. So zum Beispiel daran, daß Frauen in ihrer Eigenschaft als Autoren und Konsumenten von Kriminalromanen ein auffällig starkes Interesse an der Aufdeckung und Verfolgung des Bösen haben. Agatha Christie, Patricia Highsmith, Joy Fielding, Martha Grimes, Francis Fyfield, Anne Perry, Ingrid Noll, Minette Walters, Ruth Rendell, Patricia Cornwell – die meisten modernen Kriminalschriftsteller sind weiblichen Geschlechts und haben eine vorwiegend weibliche Leserschaft. Was das Lesen und Schreiben von Krimis für Frauen so vergnüglich macht, ist nicht etwa nur die Möglichkeit, sich Phantasien von Aggression und Gewalt hinzugeben – denn darum geht es in diesen Büchern nicht in erster Linie (im Gegensatz zu den von männlichen Autoren verfaßten Kriminalromanen), sondern die sich bietende Gelegenheit, die eigene verleugnete Fähigkeit zur Wahrnehmung des Bösen anwenden zu können und das eigene uneingestandene Wissen um das Böse bestätigt zu sehen – und zugleich wieder in den Bereich der Fiktion zu verweisen.

Weil sie in der Realität oft nicht in der Lage sind, böse Absichten bei anderen zu erkennen, werden Frauen und Mädchen leicht zum Opfer. Die französische Psychoanalytikerin Janine Chasseguet-Smirgel berichtet in einem Essay über «Gefügige Töchter» von Patientinnen, die selbst unfähig waren, massivste Bedrohungen zu erkennen.

Da ist zum Beispiel Charlotte, eine Frau von 30 Jahren, die

mit einem Mann zusammenlebt, der eine ziemlich bedeutende Stellung hat, aber ein perverser Psychotiker ist und schon einmal in einer psychiatrischen Klinik war.

> «Eines Tages betritt Charlotte in seiner Abwesenheit sein Zimmer und findet, an die Wand geheftet, Fotos von Teilen nackter Frauen, die aus pornographischen Zeitschriften ausgeschnitten worden waren. Kein einziges Foto einer vollständigen Frau. Einer ihrer Büstenhalter und eine Puppe ihrer jüngsten Tochter liegen auf dem Bett. Charlottes Gefährte droht mehrfach, sie und ihre beiden Töchter zu töten. Diese Drohungen alarmieren die Analytikerin und auch mich, als sie mir davon berichtet. Die Patientin selbst scheint jedoch nicht beunruhigt zu sein und äußert zum gleichen Zeitpunkt den Wunsch, von diesem Mann ein drittes Kind zu haben.»[23]

Oder Carla, vierzig Jahre alt, verheiratet, Mutter von vier Kindern.

> «Carla befindet sich um 10 Uhr abends an der Porte de la Chapelle in Paris, allein im Auto, dem das Benzin ausgegangen ist. Es ist ein düsteres und berüchtigtes Viertel. Sie steigt aus dem Auto und sucht eine Tankstelle. Ein Mann nähert sich, fragt sie, was sie mache, und bietet an, ihr zu helfen. Rasch zieht er sie in eine dunkle Straße, als plötzlich ein Polizist auftaucht und dem Mann befiehlt abzuhauen. Carla beginnt zu protestieren und sagt, daß er ‹nichts Böses› wollte; erst da begreift sie, daß sie einer Gefahr entronnen ist und daß der Mann entweder bei der Polizei bekannt ist oder auf jedermann außer auf sie einen finsteren Eindruck macht.»[24]

Eine derartige Naivität, um nicht zu sagen: Realitätsverleugnung, entspringt dem Bedürfnis, von jenen Personen, auf deren Schutz und Wohlwollen man angewiesen zu sein glaubt oder angewiesen ist, unter allen Umständen nur das Beste zu halten. Janine Chasseguet-Smirgel bezeichnet ihre Patientinnen als besonders fügsame Töchter, die, um psychisch überleben zu können, schon als Babies und als kleine Kinder brav wie die Engel sein mußten, weder Furcht noch Angst noch Schmerz erkennen lassen durften, um die Liebe der Mutter nicht zu verlieren. Sie bemühten sich vor allem darum, die furchteinflößenden Eigenschaften ihrer Eltern zu verleugnen und diese statt dessen in der Phantasie mit liebevollen Qualitäten auszustatten. Das seelische Leid, das diese Patientinnen ertragen mußten, konnte nur um den Preis einer entstellten Sicht ihrer Bezugspersonen unterdrückt werden.

Die Wahrnehmungsabwehr gegenüber all jenen Aspekten, die einen bedeutsamen anderen feindlich oder auch nur gleichgültig gegenüber unserem Schicksal erscheinen lassen, ist bereits eine der destruktiven Folgen von Aggression: Um uns vor der Einsicht zu schützen, daß wir feindseligen Menschen ausgeliefert sind, verzerren, ver-rücken wir die Realität, mit der möglichen Wirkung, daß wir selbst ver-rückt erscheinen, mindestens aber einen Teil unserer Fähigkeit eingebüßt haben, angemessen mit der Realität umzugehen.

So gehen mißhandelte Kinder später meist wieder Mißbrauchsbeziehungen ein. Die Daten hierzu sind eindeutig, zumindest im Hinblick auf Frauen. Das Risiko, vergewaltigt oder mißhandelt zu werden, verdoppelt sich beispielsweise für Opfer sexuellen Mißbrauchs in der Kindheit.[25] Das liegt nicht etwa daran, daß diese Frauen sich gerne mißhandeln lassen (wie es die Theorie vom weiblichen Masochismus impliziert), sondern an deren eingeschränkter Wahrnehmungs- und Handlungsfähigkeit. Zum einen sind Menschen, die als Kinder gezwungen waren, frustrierende, aggressive oder sogar brutale Eltern zu idealisieren, auch als Erwachsene meist nicht fähig, andere richtig einzuschätzen, insbesondere deren destruktive Züge wahrzunehmen. Zum anderen können sie sich nicht wehren, denn aggressive Eltern neigen dazu, die Aggressionen ihrer Kinder besonders stark zu unterdrücken. Andererseits stellen sie selbst ein Modell für aggressives Verhalten dar; wenn ihre Kinder nun in eine Position geraten, in der sie Aggressionen ungestraft ausleben können, so kopieren sie unter Umständen ihre Eltern. Dabei ist die Wahrscheinlichkeit, daß aus einem gedemütigten Kind ein zorniger Erwachsener wird, für Jungen größer als für Mädchen, weil die soziale Umwelt männliche Aggression eher toleriert.

Männer können sich meist noch schlechter als Frauen an ihre Kindheit und insbesondere an die damals erlittenen Demütigungen und Verletzungen erinnern. Dennoch kommt es bei ihnen weit seltener vor als bei Frauen, daß sie die schlechten Absichten ihrer Mitmenschen verkennen und sich ihren Feinden selbst ans Messer liefern. Denn anders als die Erziehung zur Weiblichkeit beinhaltet die Erziehung zur Männlichkeit in der späteren Kindheit und Jugend ein ausgiebiges Training darin, Gefahren, Provokationen und Herausforderungen zu erkennen und auf sie zu reagieren. Freilich wendet sich auch der heranwachsende Junge im Normalfall nicht gegen die Mächtigen selbst, noch stellt er sie in Frage; bei ‹gelungener› Sozialisation identifiziert er sich vielmehr mit ihnen und gibt die erlittenen Demütigungen, Bestrafungen, Kränkungen und Vorwürfe weiter. Und zwar mit Vorliebe an jemanden, der ziemlich genau jenes Selbstbild verkörpert, das er um jeden Preis auszulöschen trachtet, nämlich das Bild eigener beschämender Hilflosigkeit und Schwäche.

Die «Identifikation mit dem Aggressor» setzt folglich eine überlegene Position voraus, eine Position, von der aus man einen Schwächeren ungestraft attackieren kann. Wegen des gesellschaftlich festgeschriebenen Machtungleichgewichts zwischen den Geschlechtern geraten deshalb in der Paarbeziehung meist die Frauen in die Opfer-, die Männer in die Täterrolle:

Der Mann rächt sich an der Frau für frühes Leid, während sie eine Neuauflage ihrer frühesten, von Abhängigkeit und Wehrlosigkeit geprägten Beziehungen erlebt. Ein Ausweg steht Frauen prekärerweise meist nur in der Mutterrolle zur Verfügung. Als Mutter ist die Frau – häufig zum ersten Mal in ihrem Leben – gegenüber ihrem Kind eindeutig in der überlegenen Position. Das gilt natürlich auch für den Vater. So sehr sich Eltern auch bisweilen von ihrem Kind abhängig und eingeschränkt fühlen mögen, so unumschränkte Macht genießen sie doch über es. Alice Miller beschreibt dies folgendermaßen:

> «Und so paradox das erscheinen mag – ein Kind ist verfügbar. Ein Kind kann einem nicht davonlaufen wie die eigene Mutter dazumal. Ein Kind kann man erziehen, daß es so wird, wie man es gern hätte. Beim Kind kann man sich Respekt verschaffen, man kann ihm seine eigenen Gefühle zumuten, man kann sich in seiner Liebe und Bewunderung spiegeln, man kann sich neben ihm stark fühlen, man kann es einem fremden Menschen überlassen, wenn es einem zuviel wird, man fühlt sich endlich im Zentrum der Beachtung, denn die Kinderaugen verfolgen die Mutter auf Schritt und Tritt.»[26]

Dies ist leider die Gelegenheit, familiäre Altlasten weiterzureichen an die nächste Generation. Eltern stehen vor der Wahl: Sie können sich mit ihrem eigenen Kind identifizieren und sich dabei gezwungen sehen, die seelischen Nöte ihres Kindes und ihrer eigenen Kindheit noch einmal zu erleben, oder sie können sich mit ihren eigenen Eltern identifizieren und ihre seelische Not an ihrem Kind abreagieren. Während die Einfühlung in das Kind einen hohen Grad an Bewußtheit für eigenes und fremdes Leiden voraussetzt, ist die «Identifikation mit dem Aggressor» ein «unbewußter» Vorgang. Das Wahrnehmungsverbot für die Taten der Mächtigen wird damit nicht aufgehoben, sondern erfährt im Gegenteil eine zusätzliche Absicherung, indem sie das ursprüngliche Opfer zum Komplicen des ursprünglichen Täters macht. Eine Mutter oder ein Vater, die unter herrschsüchtigen Eltern gelitten haben, ohne dies merken zu dürfen, versuchen selbst, ihr Kind zu beherrschen, und zwar meist mit den gleichen Mitteln, welche die Großeltern schon angewandt hatten. Sie rechtfertigen nachträglich durch ihr Verhalten das Verhalten ihrer eigenen Eltern, wie auch umgekehrt ihr Verhalten dadurch gerechtfertigt wird, daß es Vorläufer, Tradition hat.

Wie schwierig und riskant es ist, aus solchen Traditionen auszubrechen, belegt Daniel Paul Schreber in seinen «Denkwürdigkeiten eines Nervenkranken». Daniel Paul Schreber (1842–1911) war ein hochgestellter Jurist im damaligen Königreich Sachsen und 1893 zum Senatspräsidenten in Dresden ernannt worden. Kurz nachdem er sein Amt angetreten hatte, erkrankte Schreber an einer als Paranoia (Verfolgungswahn) diagnostizierten Geisteskrankheit, die für fast neun Jahre eine Unterbringung in einer Nervenheilanstalt erforderlich machte. Während der letzten Jahre seines Klinikaufenthalts begann Schreber, ein Buch über seine Krankheit zu schreiben, das 1903 veröffentlicht wurde.

Sigmund Freud war der erste, der die «Denkwürdigkeiten» analysierte. Er entwickelte anhand des Falles seine Vorstellungen über paranoide Zustände. Bahnbrechend für das Verständnis von Psychosen waren jedoch erst die Analysen von William G. Niederland [27] und Norton Schatzman [28], denen es gelang, einen Zusammenhang herzustellen zwischen den bizarren Symptomen und Wahnvorstellungen Schrebers und den Erziehungspraktiken seines Vaters, Daniel Gottlieb Moritz Schreber. Dieser war Orthopäde, Gründer der Schrebergartenbewegung und fanatischer Kämpfer für seine Ideologie der Volksgesundheit, die er durch umfangreiche Publikationen in der Öffentlichkeit und mit zwanghaft und sadistisch gefärbten Erziehungsmaßnahmen bei seinen Kindern durchzusetzen versuchte. So erfand er eine Reihe von mechanischen Vorrichtungen, die der Vorbeugung von Haltungsschäden dienen sollten, in Wirklichkeit aber die totale Unterwerfung der Kinder unter den Willen des Vaters erzwangen. Insbesondere bei seinem Sohn Daniel muß die Grausamkeit und Strenge des Vaters heftige Gefühle von Angst, Scheu, eigener Unzulänglichkeit und Schuld erzeugt haben. In den «Denkwürdigkeiten», die er als «verrückter» Erwachsener verfaßte, finden sich eine Reihe von Symptomen und Wahnideen, die wie entstellte Beschreibungen der väterlichen Erziehungsmaßnahmen wirken.

> «Bestimmte göttliche Wunder z. B., die an dem Autor der Denkwürdigkeiten während seiner Krankheit vollzogen wurden, und besonders jene, bei denen sein Körper angebunden, gefesselt und zusammengepreßt wurde wie in einer Schraubenpresse, scheinen die wahnhafte Verarbeitung der orthopädischen Riemen, Gurte, Gradhalter und anderer einzwängender Vorrichtungen des Vaters zu repräsentieren. Gleichermaßen scheint Gottes ‹Aufschreibe-System›, das als eine bedrohliche und mysteriöse Entität in verschiedenen Kapiteln der Denkwürdigkeiten erwähnt wird, mit der väterlichen Rügentafel und ähnlichen Kontrollmethoden zusammenzuhängen, denen Schreber ausgesetzt war. Das oft erwähnte ‹Brüllwunder› zeigt ebenfalls eine gewisse Beziehung zu den gnadenlosen Vorhaltungen des Vaters wie zugleich zu den Versuchen des Sohnes … sich zu wehren.»[29]

Was der Vater ihm angetan hatte, durfte der Sohn nicht merken. Das heißt, er behielt sehr wohl in Erinnerung, was ihm angetan worden war, aber er war außerstande, klar zu erkennen und zu artikulieren, wer sein Verfolger gewesen war. Die Taten des Vaters sind in Schrebers Wahnideen präsent; der Täter bleibt jedoch im Verborgenen. Statt den eigenen Vater anzuklagen, bezichtigt Schreber Gott des Machtmißbrauchs: Er ist also verrückt. Gerade in seiner Verrücktheit liegt aber auch seine Moralität verborgen: Schreber bleibt in der Rolle des Verfolgten, statt selbst zum Täter zu werden, indem er etwa das Erziehungswerk seines Vaters an den eigenen Kindern mit allgemeiner Billigung fortsetzen würde. Er bezahlt für seine Integrität mit dem Verlust seiner seelischen Gesundheit.

Es ist gar nicht so selten, daß traumatische Erfahrungen in der Kindheit zu manifesten psychiatrischen Symptomen führen. Zwar kommen nur die wenigsten Opfer – meist die, die schlimmste Mißbrauchserfahrungen hinter sich haben – irgendwann in die Psychiatrie, doch die meisten Patienten in psychiatrischen Anstalten wurden in der Kindheit mißbraucht. Bei einer eingehenden Befragung gaben 50 bis 60 Prozent der stationär aufgenommenen Patienten und 40 bis 60 Prozent der ambulant behandelten Patienten an, sie seien in der Kindheit mißhandelt und / oder sexuell mißbraucht worden.[30] 70 Prozent der Patienten, die im Rahmen einer anderen Untersuchung in der Notaufnahme einer psychiatrischen Klinik befragt wurden, berichteten von Mißbrauchserfahrungen in der Kindheit.[31] Somit sind Gewalterfahrungen in der Kindheit als einer der Hauptfaktoren für die Verursachung schwerer psychischer Störungen anzusehen.

Die verheerenden Folgen
verdeckter Aggressionen

Psychoterror schwächt die Lebensfreude

So schwer es uns mitunter fällt, offene Aggression für uns bedeutsamer Menschen als einen klaren Akt der Feindseligkeit uns gegenüber zu erkennen, so hoffnungslos wird unsere Lage, wenn wir es mit verdeckten Formen der Aggression zu tun haben. Weil es heutzutage als unanständig gilt, Macht direkt anzustreben und Aggressionen offen einzusetzen, haben wir es jedoch sehr häufig mit Angriffen auf uns selbst, unsere Position und unsere Integrität zu tun, die gar nicht ohne weiteres als Angriffe kenntlich sind. Von allerlei Verboten, Drohungen und Sanktionen eingeschränkt, von ethischen Forderungen in den Untergrund vertrieben, äußert sich unsere Aggressivität heute meist auf Umwegen, versteckt, subtiler und deshalb auch vielfältiger und erfindungsreicher. So wie der Sexualtrieb noch um die Jahrhundertwende unter dem Druck einer strengen Sexualmoral gezwungen war, sich in weit hergeholten, nur durch eine Kette von Assoziationen zu erschließenden Gesten auszudrükken, so findet die Aggressionsneigung heute ihren Ausdruck in einer Vielzahl raffinierter Manöver. Diese besitzen den Vorzug, nicht nur die anderen zu täuschen, sondern häufig auch den Aggressor selbst in dem Glauben zu wiegen, er sei im Grunde die Harmlosigkeit und Friedfertigkeit in Person.

Wie die offene Aggression, so ist auch die verdeckte Aggression in der Regel von oben nach unten gerichtet. Der Stärkere stützt sich dabei jedoch nicht auf seine physische, ökonomische oder soziale Überlegenheit, sondern auf sein Vorrecht, Realität zu definieren. Indem er seiner subjektiven Sicht der Dinge – bewußt oder unbewußt – den Status der objektiven Wirklichkeit verleiht, findet er Eingang in das Denken des Schwächeren. Er kann dessen Fähigkeit, die Realität unverzerrt wahrzunehmen und entsprechend «angepaßt» zu handeln, unterminieren; er kann die Gefühle des Unterlegenen manipulieren oder abwerten, sein Selbstwertempfinden und das Vertrauen des Opfers in seine Freunde untergraben; er kann seine Bedürfnisse abstreiten und seine Stärken zu Schwächen erklären; er kann es in Unruhe und Verwirrung stürzen und es an all dem, was ihm angetan wird, noch beteiligen. Weil er Realität definiert, kann er den anderen verrückt machen. Die Regeln sind die seinen, und wenn sein Opfer keinen unabhängigen Zeugen findet, der bestätigt, was ihm angetan wird, dann kommt der Aggressor ungestraft davon.

Psychologische Methoden der «Kriegsführung» sind im privaten wie im öffentlichen Leben auf dem Vormarsch. So hat eine Studie über Aggression in der Schule vor kurzem erbracht, daß nicht offene Gewalt, wie angenommen, sondern Psychoterror das Hauptproblem ist. Von April bis Mai 1995 befragte die Psychologin Mechthild Schäfer am Max-Planck-Institut für Psychologische Forschung 392 Schülerinnen und Schüler der Jahrgangsstufen sechs und acht an zwei Münchner Gymnasien, um sich ein Bild über die «Aggression im Klassenverband» zu machen. Dabei gaben nur 11,7 % aller Opfer an, körperlich verletzt worden zu sein; rund 67 % litten jedoch unter «indirekter Aggression», dem Hänseln, der Verbreitung von Gerüchten oder dummen Sprüche. An diesem «langfristigen Fertigmachen», so die Forscherin, nehmen die Jugendlichen mehr Schaden als an einer einmaligen Ohrfeige, die in der Regel von Lehrern geahndet wird. So ist nachgewiesen, daß diese Form von Psychoterror zu chronischen Angstzuständen, schlimmstenfalls zu akuter Suizidgefahr führen kann.

Nicht anders als den Kindern geht es den Erwachsenen. Im Auftrag des Bundesverbandes der Betriebskrankenkassen (BKK) hat das Institut für angewandte Sozialwissenschaft (Infas) 1992 eine repräsentative Umfrage zur Atmosphäre und Zufriedenheit am Arbeitsplatz durchgeführt. Rund ein Drittel der Berufstätigen stufte das Betriebsklima als eher schlecht oder nur erträglich ein, die Hälfte von ihnen fühlte sich deutlich gestreßt. Als Hauptursache ihrer Belastung führten 71 % der Arbeitnehmer Intrigen am Arbeitsplatz an.[1] Bei der ersten deutschen «Mobbing»-Telefonaktion der Deutschen Angestellten Gewerkschaft in Berlin 1992 klagten 80 % aller Anrufer über Psychoterror am Arbeitsplatz durch ihre Vorgesetzten; 20 % fühlten sich von den eigenen Kollegen schikaniert.

Und wie steht es zu Hause? Wie das umfangreiche, von Sozialwissenschaftlern, Psychologen und Psychiatern zusammengetragene Fallmaterial zeigt, sind wir leider auch dort vor verdeckten Angriffen nicht sicher. Diese Angriffe wiegen allerdings um so schwerer, als sie direkt von denen kommen, denen wir eigentlich vertrauen wollen, und uns damit an unserer empfindlichsten Stelle treffen. In unseren intimsten Beziehungen sind wir offen und deshalb verletzlich, hier sind wir abhängig in dem Maße, in dem wir auf die Tragfähigkeit gerade dieser Beziehungen bauen, hier liegt die Hauptquelle unseres individuellen Selbstverständnisses und unseres Selbstwertgefühls. Hier kennt man aber auch unsere Schwächen und Ängste, unsere «Achillesferse», hier kann man uns wirklich treffen.

Dies ist eine der Bedingungen menschlichen Zusammenlebens, auf die man meist ungenügend vorbereitet ist: daß enge Bindungen uns mehr als alles andere glücklich, aber auch unglücklich machen können. Aus befriedigenden sozialen Beziehungen schöpfen wir Kraft, Zuversicht, Leistungsfähigkeit, Gesundheit und Zufriedenheit, die wir zur Bewältigung des Lebens brauchen, und wir werden all dieser Ressourcen in zerstörerischen sozialen Beziehungen beraubt. Aggression, auch jene, die sich nicht als solche zu erkennen gibt, wirkt wie ein schleichendes Gift, das unser Selbstwertgefühl zersetzt.

Gaslicht-Techniken
stören die Realitätswahrnehmung

In dem Film «Scheidung auf Italienisch» ergeht sich Marcello Mastroianni in Mordphantasien gegenüber seiner Frau, die ihm und seiner jungen Geliebten im Wege steht. Als moderner und zivilisierter Mensch bringt er seine Frau natürlich nicht um, sondern ersinnt eine Intrige, um sie loszuwerden – und um gleichzeitig als das beklagenswerte Opfer der ganzen Affäre dazustehen. Am Schluß werden Mastroiannis Frau und der Liebhaber, den er ihr zugeführt hat, tatsächlich erschossen, aber nicht von Mastroianni selbst, sondern von der Ehefrau des Liebhabers; Mastroianni bleibt also im Sinne des Gesetzes unschuldig. Und auch als Zuschauer ist man weit von jeglicher moralischen Entrüstung entfernt. Denn das Ganze wirkt äußerst komisch, und Mastroiannis Täuschungsmanöver und Manipulationen als Ausdruck einer überdurchschnittlichen und überdies fehlgeleiteten Aggressivität wahrzunehmen liegt uns fern: Sanft und verschleiert und in diesem Fall sogar erheiternd ist die Gewalt.

Täuschungsmanöver und Intrigen, die aus der Perspektive des Täters raffiniert oder auch komisch wirken, nehmen sich in der Perspektive des Opfers äußerst bedrohlich aus, wie der berühmte Film «Gaslight» aus dem Jahre 1944 zeigt. In dieser Geschichte, die in der viktorianischen Zeit spielt, heiratet Charles Boyer Ingrid Bergmann nicht aus Liebe, sondern um sich Zugang zu ihrem Haus zu verschaffen, in dem wertvolle Juwelen versteckt sind. Sobald er sich bei ihr eingenistet hat, will Boyer, der ungeduldig seiner Schatzsuche entgegenfiebert, sich seiner Frau entledigen. Er plant, sie so verrückt zu machen, daß sie schließlich einer Einweisung in eine Irrenanstalt freiwillig zustimmt. Um dies zu erreichen, ändert er einfach die Welt, in der sie lebt und mit der sie vertraut ist. Als sie eine Bedienstete wegschickt, um etwas zu erledigen, versichert er ihr, daß der Auftrag nie erteilt wurde; eine Schere, die sie auf einen Tisch gelegt hat, taucht an anderer Stelle wieder auf; und als das Gaslicht flakkert, redet er ihr ein, daß nicht das Licht, sondern ihr Wahrnehmungsvermögen versagt. Er versteckt ihren Schmuck und redet ihr ein, sie habe ihn verloren oder verlegt; er nimmt ein Bild von der Wand und beharrt darauf, daß sie es fortgenommen habe. Mit all diesen Angriffen auf den Verstand seiner Frau gelingt es ihm bald, sie davon zu überzeugen, wahnsinnig zu sein. Mit der Zeit wird sie unsicher und labil, und bald ist sie so verstört, daß sie kaum noch normal reagieren kann. Boyer täuscht Besorgnis vor, schlägt vor, nach einem Arzt zu schicken, eine Erholungskur zu machen. Doch gerade als sie am Rande eines totalen Nervenzusammenbruchs steht, erscheint Joseph Cotten auf der Bildfläche, stellt den Bösewicht bloß und rettet die Frau vor dem Verlust ihres Realitätssinnes.

Der Film «Gaslight» beeindruckte die Zuschauer so stark, daß der Ausdruck «to gaslight» im Englischen bis heute zur Bezeichnung des Versuchs verwendet wird, einen anderen verrückt zu machen. Die Faszination, die von diesem wie auch von vielen anderen «Psychothrillern» ausgeht – eine Gattung übrigens, die erst Mitte dieses Jahrhunderts entstanden ist – erklärt sich allein daraus, daß sich so viele Menschen mit dem Opfer identifizieren können. Fast jeder von uns ist wohl irgendwann einmal in seinem Leben «begaslichtet» worden, in der Schule, am Arbeitsplatz, in der Familie, mit großer Wahrscheinlichkeit aber in der Kindheit.

Nehmen wir zunächst den einfachen Fall vom unschuldigen Ehemann und seiner verrückten Frau, wie ihn auch der Film «Gaslight» schildert. Er existiert in zahlreichen anderen Versionen, die den Vorzug besitzen, aus dem Leben selbst gegriffen zu sein. Der Psychotherapeut Theo Goodrich schildert beispielsweise folgende Begebenheit aus seiner Praxis:

Eine Ehefrau kam unerwartet früh von der Arbeit nach Hause, stellte fest, daß die Haustür entgegen der Gewohnheit verriegelt war, und erblickte durch ein Fenster ihren spärlich bekleideten Ehemann sowie eine Frau, die aus dem Badezimmer kam und ihre Kleidung ordnete. Später stellte die Ehefrau fest, daß das Bett zerwühlt war und das Laken mit Samenflecken übersät. Der Ehemann leugnete ihr gegenüber jedoch vehement, daß er irgendeinen intimeren Kontakt mit der fremden Frau gehabt hätte. Die Beziehung zwischen den Eheleuten verschlechterte sich, und das Paar begann eine Therapie, wobei Ehemann und Therapeut gemeinsam davon ausgingen, daß mit der Ehefrau etwas nicht stimme, sie möglicherweise sogar ein bißchen verrückt sei. Erst der zweite hinzugezogene Therapeut konnte sich zu der Annahme durchringen, daß die Beobachtungen der Ehefrau möglicherweise zutreffend waren und der Ehemann schlicht und einfach log.[2] In diesem Fall hatte der Ehemann eine reale Beziehung geleugnet, nämlich die zu seiner Geliebten. Obwohl die Hinweise auf diese Beziehung offenkundig waren, war es ihm gelungen, bei seiner Ehefrau Zweifel an ihrem eigenen Urteilsvermögen zu wecken und einen außenstehenden Dritten (den ersten Therapeuten) sogar von seiner Unschuld zu überzeugen.

In den meisten Fällen dieser Art kann man wohl davon ausgehen, daß nicht allein die Tatsache des Betrugs, sondern vor allem dessen Vertuschung großen Schaden anrichtet. Der Betrogene ist sich im klaren darüber, daß etwas nicht stimmt; zu seiner Unsicherheit, ob er sich weiterhin auf seinen Partner verlassen kann, kommt jedoch die Unsicherheit hinzu, ob er sich auf sich selbst, seine Wahrnehmung und seine Einschätzung verlassen kann. Solange er keinen eindeutigen «Beweis» in Händen hält, wird er sich vorwerfen lassen müssen (und sich selbst vorwerfen), übertrieben eifersüchtig zu sein oder gar paranoid; er wird sich dabei ertappen, daß er dem anderen «nachschnüffelt», und sich selbst dafür verachten. Dem Betrüger wiederum mag das «seltsame» Verhalten seines Partners als Rechtfertigung für sein eigenes Verhalten dienen: Jemand, der so mißtrauisch ist, verdient nichts anderes, als betrogen zu werden.

Neben der Verheimlichung einer Beziehung kann auch das Vortäuschen einer Beziehung dazu eingesetzt werden, um einen anderen zu drangsalieren. Frauen, die sich selbst Blumen schikken und dann mit unschuldig-verwirrter Miene beteuern, den Absender nicht zu kennen, verfolgen dabei das Ziel, sich interessanter erscheinen zu lassen. Ihr Opfer soll sich auf der Basis der falschen Information, daß es einen ernstzunehmenden Konkurrenten aus dem Felde zu schlagen gilt, ihrem Willen fügen. So harmlos solche Manöver auch scheinen mögen, so weitreichend ist doch mitunter ihre Wirkung. Das Opfer wird unsicher, seine Aufmerksamkeit ist von Belanglosigkeiten gefesselt, die es fälschlich für wichtig hält, es verliert seine Unbefangenheit und schließlich auch seine innere Unabhängigkeit vom «Täter», kurz: Es wird in unterschiedlichem Maße unglücklich und vor allem abhängig gemacht. Auch bei so manchem echten «Seitensprung» geht es gar nicht vorrangig darum, einen aufregenden neuen Geliebten für sich zu gewinnen, sondern darum, über den Partner, den man erfolgreich in Verwirrung und Unruhe stürzt, zu triumphieren.

Damit rückt die heimliche Beziehung oder die vorgetäuschte heimliche Beziehung bereits in die Nähe der Intrige. Die Intrige ist eine der komplexesten Gaslichttechniken, die folgendes an Personal benötigt: den Täter, der unerkannt bleiben will, den «Vollstrecker», der vom Täter dazu angestiftet wird, dem Opfer Schaden zuzufügen, und das Opfer selbst. In der klassischen Tragödie «Othello, Mohr von Venedig» kostet die Intrige zwei Menschenleben: Othello, dem hochgeachteten General im Dienst der Republik Venedig, wird von seinem Fähnrich Jago suggeriert, seine junge Frau Desdemona betrüge ihn, worauf Othello sie erdrosselt und, als ihre Unschuld ans Licht kommt, sich selbst tötet.

Etwas weniger dramatisch geht es in dem Film «Papermoon» zu: Da möchte die zehnjährige Addie eine gewisse Trixie Delight aus dem Bett ihres Ziehvaters Moses haben. Sie macht sich drei menschliche Neigungen für ihre Intrige zunutze: die Geilheit eines Hotelportiers, die Geldgier Trixies und die Selbstachtung Moses. Dem Hotelportier gibt sie zu verstehen, daß Trixie ihn um soundsoviel Uhr in dem und dem Zimmer erwarte; Trixie wiederum richtet sie aus, der Portier werde ihr 25 Dollar für das Schäferstündchen zahlen. Und als die beiden zusammen im Zimmer sind, sorgt sie dafür, daß Moses dazukommt. Er wirft Trixie hinaus.

Solche Intrigen kommen, wie die italienische Familientherapeutin Mara Selvini Palazzoli und ihre Mitarbeiter festgestellt haben, nicht nur auf der Bühne oder im Film, sondern auch im familiären Alltag vor[3]. Hier besteht ein übliches Szenario darin, daß der Vater ein Kind heimlich dazu anstiftet, gegen die Mutter vorzugehen, die entweder zu erfolgreich oder beruflich zu stark engagiert oder zu wenig fürsorglich ist. Das Kind, das sich mit dem Vater verbündet weiß, beginnt, der Mutter Steine in den Weg zu legen – durch aggressives, dramatisches oder exzentrisches Verhalten, mit dem es die Mutter zwingt, ihre außerfamiliären Ambitionen aufzugeben. Leider nimmt, wie so häufig, nicht nur das designierte Opfer, also die Mutter, sondern auch der Vollstrecker, in diesen Fällen das Kind, an der Intrige Schaden. Sobald es entdeckt, daß sein Bündnis mit dem intrigierenden Elternteil nicht Ausdruck echter Zuneigung war, sondern vielmehr strategisches Werkzeug, neigt es dazu zu «dekompensieren»: Es wird verrückt.

Noch ungeklärt ist die Frage, warum heimliche Mutter-Kind-Bündnisse, die gegen den Vater gerichtet sind, keinen vergleichbaren Schaden beim Kind anrichten. Dies hat möglicherweise damit zu tun, daß die Mutter in weit stärkerem Maße als der Vater für das Verhalten eines Kindes, für seine Entwicklung, ja für sein ganzes Schicksal verantwortlich gemacht wird. Deshalb läßt sich eine Mutter durch abweichendes oder auffälliges kindliches Verhalten weit stärker unter Druck setzen als ein Vater: Wenn mit dem Kind etwas nicht stimmt, so ruht der Verdacht zuallererst auf ihr. Über das Kind ist also verhältnismäßig leicht das Verhalten der Mutter, kaum oder gar nicht das Verhalten des Vaters zu steuern; nach allgemeinem Dafürhalten hat er mit dem Verhalten seines Kindes nichts zu tun. Aus diesem Grund kommen Frauen vielleicht seltener als Männer auf die Idee, ihre Kinder einzusetzen, um den Ehepartner in die Schranken zu weisen.

Die pathogene Wirkung heimlicher Vater-Kind-Bündnisse hat aber sicher auch etwas mit der Machtstruktur innerhalb der Familie zu tun. Beim Mutter-Kind-Bündnis etwa gegen einen tyrannischen Vater kooperieren zwei gleichermaßen Unterlegene gegen den Überlegenen – hieraus ergibt sich kein moralisches Dilemma für das Kind. Beim gegen die Mutter gerichteten Vater-Kind-Bündnis stellt sich das Kind dagegen auf die Seite des Mächtigen; es wird zum Verräter, der dann seinerseits wieder verraten wird. Diese Bürde doppelter Treulosigkeit scheint für manche Heranwachsenden kaum zu ertragen zu sein.

Jedesmal, wenn ein Kind oder ein Jugendlicher symptomatisches Verhalten entwickelt, gilt es nach den Erfahrungen von Palazzoli aber auch, Ausschau zu halten nach Mitgliedern der erweiterten Familie, die möglicherweise als Anstifter in Frage kommen. So konnte die Therapeutin bei der Behandlung von Celina, einer selbstmordgefährdeten und tablettenabhängigen Siebzehnjährigen, eine komplizierte Intrige aufdecken, die von ihrer Tante Veronika ausging. Sie war mit dem jüngeren Bruder von Celinas Mutter verheiratet, dessen Geschäft bankrott gegangen war. Celinas Vater, ein erfolgreicher und ziemlich überheblicher Akademiker, hatte sich jedoch geweigert, Veronika und ihrem Mann unter die Arme zu greifen.

«Dieser Tante gelang es nun, gleichzeitig an mehreren Fronten folgendes Anstiftungsmanöver anzuzetteln; erstens wiegelte sie ihre Schwägerin gegen deren Mann, diesen «herzlosen Geizkragen» auf; zweitens bot sie gegenüber eben diesem Schwager alle ihre Verführungskünste auf, ging mit ihm ins Bett und hetzte ihn gegen seine Frau auf; drittens vereinnahmte sie die kleine Tochter des Paares, die zukünftige Patientin, indem sie regelmäßig nachmittägliche Spaziergänge mit ihr unternahm, bei denen sie Celina mit Eis vollstopfte und ihr einredete, daß es doch furchtbar sein müsse, solche Eltern zu haben.»[4]

Intrigen können ein klar umrissenes Ziel haben, das vom Täter unmittelbar angesteuert wird, etwa einen Konkurrenten um eine angestrebte berufliche Position auszubooten. Meist werden Intrigen jedoch aus einem dumpfen Gefuhl des Ressentiments heraus angezettelt; sie sollen zu nichts anderem führen, als dem Opfer zu schaden. Dies wird häufig dadurch bewerkstelligt, daß man nicht nur das Vertrauen des Opfers in sich selbst, sondern auch noch sein Vertrauen in andere untergräbt. Einen Intriganten in den eigenen Reihen zu haben schafft per se eine Atmosphäre, die von gegenseitigem Mißtrauen durchsetzt ist. Die Beteiligten wissen, daß Gefahr droht, aber sie wissen nicht, aus welcher Richtung. Der eigentliche Kunstgriff des Intriganten besteht nun darin, das oder die Opfer dazu zu bringen, den Feind für einen Freund und den Freund für einen Feind zu halten. Damit ist dem Opfer der sichere Boden seiner Existenz entzogen; denn ein wesentlicher Bestandteil unseres kompetenten Umgangs mit der Welt besteht in unserer Fähigkeit und Bereitschaft, auf andere zu bauen – aber auch darin, erkennen zu können, wer unser Vertrauen verdient und wer nicht.

Intrigen setzen ein hohes Maß an psychologischem Feingefühl voraus; man muß die empfindlichen oder schwachen Stellen seines Opfers kennen, um es hinters Licht zu führen. Tante Veronika beispielsweise nutzte einerseits aus, daß sich ihre Schwägerin in einem Loyalitätskonflikt zwischen Bruder und Ehemann befand, dessen eine Seite sie nur zu verstärken brauchte, um die Schwägerin gegen ihren eigenen Mann einzunehmen; andererseits boten die Eitelkeit des Ehemanns und sein fortgeschrittenes Alter (die Midlife-Krise!) Tante Veronika einen willkommenen Angriffspunkt für ihre Intrige. Celina schließlich, von der das drohende Zerwürfnis zwischen ihren Eltern nicht unbemerkt bleiben konnte, wurde zum Opfer von Tante Veronika, weil sie deswegen beunruhigt war. Wie jeder andere erfolgreiche Intrigant verstand Tante Veronika es, ihre Opfer sowohl zu durchschauen als auch gewandt mit deren Schwächen umzugehen.

Vergleichsweise simple, aber ebenfalls äußerst effektive Gaslichttechniken sind Lüge, Täuschung und Betrug. Sie vermögen die Position des Opfers nachhaltig zu schwächen, weil es nicht mehr über eine adäquate Sicht der Realität verfügt, wenn es deren Fälschung akzeptiert. Da es auf der Basis falscher Informationen handelt, sind seine Verhaltensweisen «fehlgeleitet», und es erlebt Mißerfolge dort, wo es sie am wenigsten erwartet, oder muß sich sogar den Vorwurf gefallen lassen, «verrückt» zu sein.

Im Büroalltag beispielsweise kann ein neuer Mitarbeiter allein daran scheitern, daß ihm seine Kollegen wichtige Informationen vorenthalten oder sogar absichtlich falsche Informationen über den Arbeitsablauf verbreiten. Unter Freunden und Bekannten vermag der sogenannte Klatsch das Opfer scheinbar zielloser Fehlinformationen zu völlig falschen Einschätzungen und Reaktionen zu bringen und schließlich sogar in Mißkredit.

Lüge, Täuschung und Betrug als «Spiel» mit Informationen werden nicht zuletzt eingesetzt, um unsere Entscheidungsfreiheit einzuschränken. Sie können die von uns ins Auge gefaßten Ziele beeinflußen, die Alternativen, die wir für möglich halten, die Einschätzung von Risiken und Vorteilen. Durch die Manipulation der relevanten Informationen gewinnt der Täter Macht über die Entscheidungen seines Opfers. Ebenso wie Lüge, Täuschung und Betrug Handlungen verhindern können, indem sie die Möglichkeit oder die Notwendigkeit einer Entscheidung verschleiern, können sie auch jemanden zu Handlungen veranlassen, die er sonst nie ausgeführt hätte.

Dazu eine vergnügliche Variante aus der Weltliteratur: Tom Sawyer ist von seiner Tante Polly verdonnert worden, den Gartenzaun zu streichen, als ausgerechnet Ben Rogers des Weges kommt, vor dem Tom sich am wenigsten lächerlich machen möchte. Da hat er die erlösende Idee: Er tut vor Ben einfach so, als sei es ein seltenes Privileg, Zäune zu streichen, das nur von wenigen Auserwählten wahrgenommen werden kann. Tom bringt Ben soweit, daß er schließlich sogar dafür bezahlt, die Arbeit Tom Sawyers erledigen zu dürfen.

So werden etwa Kinder häufig von ihren Eltern dazu gebracht, unangenehme Aufgaben und Pflichten zu übernehmen. Einem kleinen Mädchen einzureden, daß es jetzt endlich groß genug sei, um beim Geschirrspülen zu helfen, gilt als besonders geschicktes pädagogisches Vorgehen, weil es jeden möglichen Widerstand umgeht. Gern verwenden Eltern auch die Technik der absichtlichen Vorenthaltung von Informationen. «Das wirst du schon noch früh genug erfahren!» und: «Du brauchst nicht alles zu wissen!» sind Sätze, die zum Standardrepertoire mancher Eltern gehören. Die Mutter eines zehnjährigen Sohnes etwa hatte es sich zur Gewohnheit gemacht, ihren Sohn nicht über bevorstehende Termine zu informieren –, darüber, daß die Familie in die Ferien fahre, daß er übers Wochenende zur Oma solle, daß nächste Woche Weihnachten sei usw. Dies hatte zur Folge, daß das Kind keine eigenen Pläne machen konnte, denn es konnte sich ja nicht gut mit einem Freund verabreden, wenn es nicht wußte, was die Mutter für die nächsten Stunden geplant hatte. Mit der Zeit verlor es deshalb die Lust an jeder eigenen Initiative, denn diese konnte ja jederzeit durchkreuzt werden. Es hatte auch kein Verhältnis zur Zeit, es konnte beispielsweise nicht einmal seinen eigenen Geburtstag angeben oder sagen, wann die nächsten Schulferien beginnen. Die Mutter begründete ihr Vorgehen mit dem Verweis auf das Wohl des Kindes, das ihr so sehr am Herzen lag, daß sie jede «Aufregung» von ihm fernhalten wollte.

Gaslichttechniken sind immer dann am effektivsten, wenn das Opfer über keine unabhängigen Informationsquellen verfügt. Aus diesem Grund sind Ehe und Familie die bevorzugten Orte, an denen Gaslichttechniken zum Einsatz kommen: Hier ist man unter sich, und Außenstehenden gegenüber werden Familiengeheimnisse aller Art nicht erwähnt. Besonders gefährdet sind natürlich Kinder, die zumindest während ihrer ersten Lebensjahre über buchstäblich keine Möglichkeit verfügen, Irreführungen von seiten ihrer Eltern oder Verwandten aufzudecken. Erwachsene wiederum denken sich selbst in der Regel nichts dabei, wenn sie Kinder anlügen oder ihnen Informationen vorenthalten. Tatsächlich wird Kindern gegenüber ganz allgemein ein besonders sorgloser Umgang mit der Wahrhaftigkeit gepflegt. Der Vorwand, es läge in ihrem eigenen Interesse, wenn man sie mit der Wahrheit verschone oder die Tatsachen verdrehe, ist hier besonders leicht bei der Hand.

Die Täuschungsmanöver der Eltern reichen von gutgemeinten bis zu böswilligen: So behaupten etwa viele Eltern in unserem Kulturkreis, das Christkind habe die Weihnachtsgeschenke gebracht, und bestreiten jede Wahrnehmung des Kindes, welche dieser Behauptung zuwiderläuft. Obwohl es zweifellos bereits einen Angriff auf die Fähigkeit des Kindes zur Realitätswahrnehmung darstellt, gilt dieses Vorgehen als harmlos, ja sogar als wünschenswert, soll es doch dazu beitragen, den Glauben des Kindes an gute Mächte, die über es wachen (Gottes Auge sieht alles), zu festigen. Als weniger harmlos müssen Versuche der Eltern angesehen werden, nicht ihre guten Absichten, sondern ihre schlechten vor dem Kind zu verbergen. So berichtet der Psychiater A. M. Johnson über die Kindheitsbeziehung schizophrener Patienten zu ihren Eltern:

«... Wenn diese Kinder den Ärger und die Feindseligkeit eines Elternteils wahrnahmen, wie sie das bei vielen Gelegenheiten taten, verleugnete der Elternteil seinen Zorn und verlangte vom Kind, ihn ebenfalls zu verleugnen, so daß dieses sich in dem Dilemma befand, entweder dem Erwachsenen oder seinen eigenen Sinnen zu glauben. Glaubte es seinen Sinnen, so behielt es ein ungebrochenes Verhältnis zur Realität; glaubte es dem Erwachsenen, so behielt es die benötigte Beziehung, jedoch um den Preis einer verzerrten Wahrnehmung der Realität.»[5]

Solche Verdunkelungsmanöver der Eltern sind auch in normalen Familien gang und gäbe, wenn es etwa darum geht, den Eltern mehr Freiraum zu verschaffen. Sei es, daß die Eltern ihr Kind nur für ein paar Stunden loswerden wollen, weil sie einfach eine Verschnaufpause brauchen, oder sei es, daß sie sich ihrer Aufgabe und der damit verbundenen Verantwortung völlig zu entziehen versuchen – meist werden die wahren Motive der

Eltern verschleiert. Das Kind wird angeblich nur deshalb in einer Krabbelgruppe, im Kindergarten, in der Tagesschule oder im Internat abgegeben, weil dies dem Wohl des Kindes dient. Eltern erwarten nicht nur, daß das Kind diese Darstellung akzeptiert, sondern darüber hinaus häufig auch noch Dankbarkeit für die von ihnen erwiesenen Wohltaten. Unsicherheit in bezug auf andere Menschen und insbesondere die Gefühle, die jene einem entgegenbringen, sind die Folge einer solchen kaschierten Ablehnung des Kindes durch die Eltern. Es spürt sehr wohl, daß es im Weg ist, aber es erfährt zugleich von seinen Eltern, daß sie es über alles lieben – und es möchte ihnen dies natürlich gerne glauben, selbst wenn es dann darauf verzichten muß, seinen eigenen Gefühlen zu trauen. Der Psychiater Harold F. Searles berichtet:

> «Einer meiner Patienten, der in seiner ganzen Kindheit zu hören bekam: ‹Du bist ja verrückt!›, wann immer er den elterlichen Abwehrmechanismus der Verleugnung durchschaute, wurde seinen eigenen Gefühlsreaktionen gegenüber so mißtrauisch, daß er sich jahrelang stark auf einen Schoßhund verließ, der ihn durch seine Reaktion auf diese oder jene ihnen begegnende Person wissen lassen sollte, ob diese Person freundlich und vertrauenswürdig oder feindselig sei, so daß er sich vor ihr in Acht nehmen müsse.»[6]

Eine andere Form elterlicher Manipulation besteht darin, Kindern deren eigene Gefühle auszureden bzw. einzureden. Das ist etwa dann der Fall, wenn einem Kind, das traurig oder ängstlich ist, gesagt wird, es sei nur müde und gehöre ins Bett, weil die Eltern nicht seelsorgerisch tätig sein, sondern ihre Ruhe haben wollen. Oder dann, wenn einem Kind jedesmal, wenn es schreit, weint oder unruhig ist, etwas zu Essen gegeben wird: Auf diese Weise lernt es, alle seine Körpersignale, ob es nun hungrig, müde, traurig oder zornig ist, als Hunger zu interpretieren. Fettsucht, oder, wenn das Kind es wagt, gegen die Manipulation zu protestieren (ohne sich dies eingestehen zu dürfen), Magersucht ist eine mögliche Folge.

Psychologisch geschulte Menschen können bei anderen besonders großen Schaden anrichten, indem sie mit dem Stempel wissenschaftlicher Autorität versehene Deutungen dazu benutzen, ihr Opfer zu verwirren. Wenn etwa ein Kind Besorgnis darüber zeigt, daß die Eltern wegfahren wollen, so können sie ihm frei nach Freud vorwerfen, daß dies nur einen unbewußten Todeswunsch zum Ausdruck brächte: Das Kind wäre nur besorgt, weil es den Eltern den Tod wünsche. Auf diese Weise können die Eltern eigene Schuldgefühle (weil sie das Kind allein lassen) auf das Kind abwälzen, das sich nun mit dem schrecklichen Gedanken herumschlagen muß, seinen Eltern den Tod zu wünschen. Außerdem kann man dem Kind so ein für allemal abgewöhnen, sich zu beklagen oder sich auch nur traurig zu zeigen, wenn die Eltern es verlassen – muß es sich doch dann wieder vorwerfen oder vorwerfen lassen, daß es sie «eigentlich» loswerden möchte. Die Gefühle und Absichten, die dem Kind in einem solchen Fall eingeredet werden, sind also das genaue Gegenteil dessen, was es in Wirklichkeit fühlt und will. Da das Kind diesen Widerspruch nicht aufklären kann und obendrein geneigt ist, den Eltern größere Kompetenz in der Deutung der Welt zuzusprechen als sich, wird es sich selbst gegenüber mißtrauisch werden.

Am nachhaltigsten wird die Fähigkeit, den eigenen Gefühlen und Sinnen zu trauen, jedoch offenbar durch sogenannte «Doppelbindungen» unterminiert, widersprüchlichen Botschaften, die im Verdacht stehen, Schizophrenie zu erzeugen. Eine Doppelbindung besteht immer aus zwei Elementen: aus einem Verbot, etwas Bestimmtes zu tun, und aus einem Gebot, das zu befolgen hieße, das erste Verbot zu übertreten. Lautet das Verbot etwa: «Komm mir nicht zu nahe!», so könnte das Gebot darin bestehen, anhänglich zu sein. Was immer der Adressat dieser beiden Befehle nun tut, ist falsch: Zeigt er sich anhänglich, so erwartet ihn eine Strafe für die Übertretung des Verbots, dem Befehlshaber zu nahe zu kommen; bleibt er distanziert, so macht er sich der Mißachtung des Gebots schuldig, anhänglich zu sein. In beiden Fällen besteht die Strafe entweder in Liebesentzug oder in der Äußerung von Haß und Ärger oder der Androhung, verlassen zu werden. Das Opfer einer solchen Beziehungsfalle hat keine Chance, dieser Strafe zu entgehen.

«Ein junger Mann, der sich von einem akuten schizophrenen Schub ziemlich gut erholt hatte, erhielt im Hospital Besuch von seiner Mutter. Er freute sich, sie zu sehen, und legte ihr impulsiv seinen Arm um die Schulter, worauf sie erstarrte. Er zog seinen Arm zurück, und sie fragte: ‹Liebst du mich nicht mehr?› Er wurde rot, und sie sagte: ‹Lieber, du mußt nicht so leicht verlegen werden und Angst vor deinen Gefühlen haben.› Der Patient war danach nicht in der Lage, länger als ein paar Minuten mit ihr zu verbringen, und nachdem sie gegangen war, griff er einen Assistenten an und wurde ins Bad gesteckt.»[7]

Das Problem bestand hier darin, daß die Mutter sich offensichtlich unbehaglich fühlte, wenn der Sohn seinen Arm um sie legte, sie aber gleichzeitig Liebesbeweise von ihm verlangte. Der Patient saß in der Falle, weil alles, was er tat, Ablehnung provozierte, ohne daß er dies wegen seiner großen Abhängigkeit von der Mutter und der vorangegangenen Dressur durch sie erkennen konnte.

Doppelbindungen lassen sich nicht nur in den Familien Schizophrener entdecken, sie gehören vermutlich zum normalen Alltag. So milde und passager sie auch sein mögen, in jedem Fall lassen sie das Opfer mit dem beunruhigenden Gefühl zurück, versagt zu haben und nicht einmal zu wissen, wie es dies in Zukunft vermeiden kann. Solange es nicht durchschaut, daß es in einer Situation gefangen ist, in der jede seiner Reaktionen falsch ist, muß es den Ärger und die Ablehnung, die es provoziert, auf sein eigenes Unvermögen zurückführen. Das Opfer kann dabei jedoch nicht einmal aus seiner Erfahrung lernen: Ändert es nämlich seine Strategie, indem es etwa das Verbot übertritt, an das es sich vorher gehalten hat, so entgeht es dadurch noch lange nicht seiner Bestrafung. Schließlich kennt es sich nicht mehr aus und fängt an, sich merkwürdig und widersprüchlich zu benehmen, wie es eben für Menschen charakteristisch ist, welche die Orientierung verloren haben.

Nehmen wir an, die normalen und durchaus wohlwollenden Eltern eines heranwachsenden Mädchens machen sich Sorgen darüber, daß ihre Tochter sich zu früh oder mit den falschen Männern auf sexuelle Beziehungen einlassen könnte. Sie vermitteln ihrer Tochter diese Sorgen in langen und ernsthaften Gesprächen, die auch solch brisante Themen wie die Anstekkungsgefahr mit Aids nicht unberührt lassen. Das zwischen den Zeilen herauszulesende Verbot lautet: «Laß dich nicht mit Männern ein!» Gleichzeitig hoffen die Eltern jedoch, daß ihre Tochter Erfolg bei Männern hat; sie soll kein Mauerblümchen sein, sondern einen Schwarm von Verehrern haben. Es werden deshalb keine Kosten und Mühen gescheut, um die Tochter schick und sexy aufzumachen. Das Gebot, das sich etwa aus der Anschaffung eines Minirocks ergibt, lautet: «Habe Erfolg bei Männern!» Es liegt auf der Hand, daß die Tochter nicht beides zugleich tun kann: Männern aus dem Weg gehen und bei ihnen Erfolg haben. Sperrt sie sich zu Hause ein, um das erste Verbot nicht zu übertreten, so werden die Eltern enttäuscht sein; stürzt sie sich in sexuelle Abenteuer, um dem zweiten Gebot Folge zu leisten, so sind die Eltern entsetzt. Wahrscheinlich wird die Tochter unentschlossen einmal halbherzig den einen, dann wieder den anderen Weg zu gehen versuchen. Sie wird somit das typische Bild eines pubertierenden Mädchens abgeben, das nicht weiß, was es will, weder Fisch noch Fleisch ist, und darüber hinaus zwischendurch hysterische Anfälle bekommt, wobei sie ihre Eltern beschimpft. Vieles von dem, was Erwachsene am Verhalten Heranwachsender merkwürdig finden, ist vermutlich darauf zurückzuführen, daß diese überdurchschnittlich vielen Doppelbindungen von seiten der Erwachsenen ausgesetzt sind: Auf einen Nenner gebracht, sollen sie Kinder bleiben und zugleich Erwachsene sein, und diesen Widerspruch zu leben nennt man Pubertät. Wie der amerikanische Psychiater Ronald Laing gezeigt hat, fällt es Menschen, die über längere Zeit hinweg einander widersprechenden Erwartungen oder Botschaften ausgesetzt sind, schwer, ihr inneres Gleichgewicht zu bewahren; unter dem Druck der «Mystifizierung» laufen sie Gefahr, ihr Realitätsbewußtsein zu verlieren.[8]

Auch alle anderen Gaslichttechniken beeinträchtigen unsere Fähigkeit, die Realität adäquat wahrzunehmen, und damit auch unsere Handlungsfähigkeit. Dies wird insbesondere in Krisensituationen deutlich: Menschen, die über ein verzerrtes oder weniger differenziertes Modell der Realität verfügen, fällt es schwerer als anderen, Krisen zu bewältigen. Während die einen sich im Besitz zahlreicher Handlungsmöglichkeiten sehen, neigen die anderen dazu zu «resignieren», das heißt, überhaupt keine Möglichkeit zu sehen, ihre Schwierigkeiten zu bewältigen. Diese unterschiedlichen Wahrnehmungssysteme sind ein Resultat vorangegangener Erfahrungen; ein Mensch, der bereits in seiner Kindheit einer Vielzahl von Gaslichttechniken ausgesetzt war, wird weniger in der Lage sein, alternative Handlungsmöglichkeiten zu entwickeln, als einer, dem man versucht hat, eine differenzierte und adäquate Sicht der Wirklichkeit nahezubringen.

Forderungen nehmen die Kraft
zur Realitätsbewältigung

Indirekte Aggressionen können das Bild, das eine Person von der Welt hat, angreifen. Häufig nehmen sie aber auch den Charakter von Forderungen an, die schwer zu erfüllen, in sich widersprüchlich oder unklar sind. Anstatt die Realität zu verfälschen, läßt der Täter das Opfer also an der Realität scheitern oder an ihr verzweifeln – es wird demoralisiert. Jemanden zu demoralisieren bedeutet, jemanden zu entmutigen und durcheinanderzubringen. Die meisten Menschen, die sich um psychotherapeutische Hilfe bemühen, befinden sich in einem solchen demoralisierten Zustand, gleichgültig, welche konkreten Symptome sie präsentieren. Sie sind sich schmerzlich bewußt, daß sie ihren eigenen Erwartungen oder denen anderer nicht entsprochen haben oder mit einem dringlichen Problem nicht fertig geworden sind. Aber sie fühlen sich nicht imstande, an der Situation etwas zu ändern; ihre Lage erscheint ihnen aussichtslos, und alle ihre Kräfte werden aufgezehrt von der Anstrengung, nur noch zu überleben. Manche demoralisierten Menschen befürchten auch, die Kontrolle über die eigenen Gefühle zu verlieren, woraus die für so viele charakteristische Angst vor dem Verrücktwerden erwächst.

Wer es mit einer demoralisierten Person zu tun hat, der sollte nach einer demoralisierenden Person Ausschau halten, die sich meist im näheren Umkreis befindet und über beträchtlichen Einfluß verfügt. Demoralisierungsstrategien setzen ein deutliches Machtgefälle zwischen Täter und Opfer voraus: Forderungen lassen sich nur dann erfolgreich stellen und durchsetzen, wenn der Fordernde die überlegene Position innehat und damit über die Möglichkeit verfügt, die Nichterfüllung seiner Wünsche zu ahnden. Im Idealfall (von der Perspektive des Täters aus gesehen) hat der Unterlegene weder das Recht, selbst

Forderungen zu stellen, noch das Recht, die Forderungen des Überlegenen zurückzuweisen oder auch nur in Frage zu stellen. Damit sitzt er in der Falle, denn er macht sich in hohem Maße angreifbar, während der Täter Immunität genießt.

Ist eine solch krasse Asymmetrie in der Beziehung zwischen zwei Menschen von vornherein gegeben, so kann der Überlegene seine Position bekanntlich nicht nur dazu nutzen, seine eigenen Interessen durchzusetzen, sondern auch dazu, den Unterlegenen zu «schikanieren». Wenn Sie beispielsweise in der glücklichen Lage sind, einen glühenden Verehrer oder eine glühende Verehrerin zu haben, so können Sie diese ganz leicht an den Rand der Verzweiflung bringen, indem Sie sich den Mond wünschen, aber äußerst abweisend reagieren, falls dieser Ihnen wirklich zum Geschenk gemacht werden sollte; Sie können sie oder ihn zu sich bitten, um nach fünf Minuten dringend danach zu verlangen, allein gelassen zu werden; Sie können Verabredungen treffen, die sie dann nicht einhalten oder aus einem fadenscheinigen Grund wieder absagen – kurz: Sie können ein jämmerliches Ding aus Ihrem Verehrer oder Ihrer Verehrerin machen, obgleich Sie selbst nicht dagegen gefeit sein mögen, von Außenstehenden für sadistisch gehalten zu werden. Ihre Angriffe zielen dabei nicht auf die Selbstgewißheit des Opfers, wie bei den Gaslichttechniken, sondern auf seine Selbstachtung.

Es leuchtet ohne weiteres ein, daß die Forderungen des Überlegenen, sollen sie die gesamte Energie des Unterlegenen binden und ihn insbesondere davon abhalten, sich der Erfüllung der Forderungen schlichtweg zu verweigern, keine einfachen, klaren Forderungen sein dürfen, sondern solche, die an die Leistungsbereitschaft, den Einfallsreichtum und die Frustrationstoleranz des Opfers größtmögliche Anforderungen stellen bzw. dessen Möglichkeiten, adäquat zu reagieren, deutlich übersteigen. Verwirrung wird am ehesten ausgelöst, wenn einander sich widersprechende Forderungen ausgegeben werden – das Opfer sitzt dann in der klassischen Doppelbindungsfalle. Depressionen erzeugt man, indem man die Forderungen stetig in die Höhe schraubt. Ist das Opfer talentiert und ausdauernd genug, den ständig wachsenden Ansprüchen seines Herrschers zu genügen, so sind flankierende Maßnahmen notwendig, um den Unterlegenen doch noch um die Früchte seines Erfolges (und des damit verbundenen Selbstwertgefühls) zu bringen. Man kann die Leistung herabsetzen («Du könntest es noch besser machen, wenn du dir mehr Mühe geben würdest!») oder mit denen anderer, noch erfolgreicherer Personen vergleichen («Frau X kocht ihrem Mann jeden Tag ein 5-Gänge-Menü.»); man kann das Ergebnis der Bemühungen des Opfers buchstäblich vernichten und es noch einmal von vorn anfangen lassen, wie dies Aschenputtel geschieht und zahllosen Schulkindern, denen liebevolle Mütter mühsam verfertigte Heftseiten herausreißen mit der Bitte, dies noch einmal und schöner zu schreiben. Man kann die aufrichtigen Bemühungen des Opfers aber auch vereiteln, indem man seine Aufmerksamkeit von vornherein auf mögliche Fehler lenkt: So wie der berühmte Tausendfüßler erst dann aus dem Tritt kommt, wenn er sich bewußt bemüht, seine vielen Füße zu koordinieren, so sind auch wir Menschen besonders anfällig dafür, Fehler zu machen, wenn wir uns zu stark auf die Vermeidung von Fehlern konzentrieren. Nicht wenige Kinder können sich daran erinnern, daß sie bei irgendeiner Aufgabe gerade deshalb scheiterten, weil sie so nachdrücklich vor einem Scheitern gewarnt wurden – was auf einer tieferen Ebene nichts anderes heißt, als daß das Scheitern von ihnen erwartet wurde.

Alle diese Methoden erfüllen für den Täter nicht nur den einen Zweck, eigene Wünsche erfüllt zu bekommen, sondern sind gleichzeitig dazu angetan, denjenigen, der sich seinen Forderungen stellt, nicht etwa immer selbstbewußter ob seiner Leistungen werden zu lassen, sondern im Gegenteil immer zaghafter und unsicherer. Um als Ventil für unsere verborgene Feindseligkeit wirksam werden zu können, empfiehlt es sich deshalb auch, auf den richtigen Zeitpunkt für unsere Forderungen zu achten: dann nämlich, wenn sie besonders schwer zu erfüllen sind. Ein Kind, das sein Zimmer aufräumen soll, bittet man am besten dann darum, wenn es gerade in ein Spiel mit seinem besten Freund vertieft ist; die Ehefrau sollte dann aufgefordert werden, einen Knopf am Hemd ihres Mannes anzunähen, wenn sie sich gerade auf eine Abschlußprüfung vorbereitet; und will man Ehemänner in eine gereizte Stimmung versetzen, so empfiehlt es sich, sie auf den tropfenden Wasserhahn anzusprechen, wenn sie sich auf dem Weg ins Büro ohnehin schon verspätet haben. Der Angesprochene kann sich nun der Forderung verweigern (wofür er entsprechend zu strafen ist) oder aber die Forderung erfüllen, wobei man ihm dann vorwerfen kann, daß er dies leider nur unwillig tut.

Viele Forderungen, die indirekter Ausdruck von Aggressionen sind, weisen genau diesen doppelten Anspruch auf. Sie sollen einerseits erfüllt sein, und andererseits soll die dienstbare Person dabei den Eindruck erwecken, sie würde die Forderung gern erfüllen. Gar nicht so selten wird auch die paradoxe Forderung erhoben, eine Forderung zu erfüllen und dabei den Anschein zu erwecken, dies geschähe freiwillig. Wenn ein Kind auf die Aufforderung: «Tu, was ich dir sage, aber von dir aus!» angemessen und zuverlässig reagiert, so wird dies als Resultat einer guten Erziehung angesehen, obwohl der Vorgang ziemlich verwirrend ist und bei dem Betroffenen nicht selten das Gefühl entstehen läßt, nicht zu wissen, was er selbst eigentlich will. Doch die Botschaft läßt sich noch weiter komplizieren, wie der Psychiater Ronald Laing an einem Beispiel ausführt:

«Jill versucht sich zu fügen und tut, was von ihr erwartet wird. Doch sie wird der Unehrlichkeit bezichtigt, weil sie nicht tut, was sie wirklich tun will. Wenn sie sagt, was sie wirklich will, bekommt sie zu hören, sie habe verschrobene oder verzerrte Ideen oder sie wisse nicht, was in ihrem eigenen Kopf vorgehe.»[9]

Nach Laing ist Jill in einer unhaltbaren Position, denn sie wird nicht nur dann kritisiert, wenn sie den an sie gestellten Forderungen nicht genügt, sondern auch dann, wenn sie diese erfüllt. Strenge Erzieher würden vermutlich sagen, es mangele ihr an der rechten Gesinnung, weil sie eben doch irgendwie durchblikken läßt, daß sie sich den Forderungen anderer fügt, anstatt diese zu ihren eigenen Wünschen zu machen. Immer wieder finden wir deshalb, daß gerade die Fügsamkeit des Unterlegenen auf die Kritik dessen stößt, der sie erzwungen hat. Bisweilen wittert er darin – nicht ganz zu Unrecht – eine Form des passiven Widerstands: «Ich tue, was du von mir verlangst, aber ich bin nicht mit dem Herzen dabei. (Meine Seele kriegst du nicht, du Hund!)» In anderen Fällen dient die Kritik an der Fügsamkeit des Opfers dazu, das Opfer noch weiter zu demoralisieren. Man kann ihm Unehrlichkeit vorwerfen, Heuchelei, einen Mangel an Rückgrat oder Flexibilität, und es fürderhin zumindest mit Verachtung strafen.

Da ist zum Beispiel der tyrannische Ehemann, der verlangt, daß das Abendessen stets pünktlich um sieben Uhr auf dem Tisch steht. Bereits eine Verzögerung um fünf Minuten löst einen Tobsuchtsanfall bei ihm aus, so daß seine Frau es sich angewöhnt hat, diesem zuvorzukommen und das Essen stets zur gewünschten Zeit zu servieren. Eines Abends kommt er nicht, wie gewöhnlich, um halb sieben, sondern erst um Viertel nach sieben nach Hause. Als seine Frau ihn darauf aufmerksam macht, daß das Essen schon seit einer viertel Stunde fertig sei, das Gemüse verkocht und das Fleisch zäh oder kalt, beklagt er sich über ihr «zwanghaftes» Verhalten; warum eigentlich, fragt er, kann sie nicht ein bißchen flexibler sein? Warum muß ausgerechnet er das Pech haben, mit so einer Frau verheiratet zu sein? Die Ehefrau ist verwirrt. Sie stellt sich leider nicht die Frage, warum sie das Pech hat, mit so einem Mann verheiratet zu sein, sondern sie verstärkt ihre Bemühungen, seinen Wünschen zu entsprechen, obwohl es ein fast aussichtsloses Unterfangen ist, zu erraten, an welchen Abenden er Pünktlichkeit, an welchen er «Flexibilität» wünscht.

Eine weitere, besonders raffinierte Möglichkeit, andere zu demoralisieren, besteht darin, Forderungen zu stellen, über deren Charakter man das Opfer im unklaren läßt. Alles, was es erfährt, ist, daß es den Erwartungen, die man in es gesetzt hat, nicht genügt. Auch wenn das Opfer nun seine Anstrengungen verdoppelt, jederzeit gefällig zu sein, läßt der Täter es doch weiterhin seine Enttäuschung spüren. Eine solche Dynamik kann sich beispielsweise hinter dem Vorwurf «Du liebst mich nicht!» verbergen, wenn dieser von einem anspruchsvollen und herrschsüchtigen Menschen geäußert wird. Sein Partner mag immer wieder seine Liebe beteuern und überdies aufzählen, was er alles für den anderen zu tun bereit ist – letztlich ist es nie das Richtige und auch nie genug. Und das heißt: Der Partner selbst ist ungenügend. Wenn er diese Auffassung des Aggressors übernimmt, so wird er sich schon glücklich schätzen, wenn seine dürftigen Liebesbeweise überhaupt akzeptiert werden; und er wird natürlich kaum jemals auf den Gedanken kommen, Gegenleistungen zu fordern.

In ihrem Roman «Katzenauge» erzählt die kanadische Schriftstellerin Margaret Atwood von den «Freundschaftsbeziehungen» zwischen vier kleinen Mädchen. Die Ich-Erzählerin beschreibt, wie sie von ihren drei Freundinnen Grace, Carol und Cordelia terrorisiert wird:

«Auf dem Fensterbrett neben meinem sitzen Cordelia und Grace und Carol dicht zusammen und flüstern und kichern. Ich muß allein auf meinem Fensterbrett sitzen, weil sie nicht mit mir reden. Ich habe irgendwas Falsches gesagt, aber ich weiß nicht was, weil sie es mir nicht sagen. Cordelia sagt, es wäre für mich besser, wenn ich noch mal über alles, was ich heute gesagt habe, nachdenke und das, was ich falsch gesagt habe, selber herausfinde. Auf diese Weise würde ich lernen, so was nicht noch mal zu sagen. Wenn ich es gefunden habe, werden sie wieder mit mir reden. All dies ist zu meinem eigenen Vorteil, weil sie meine besten Freundinnen sind und mir nur dabei helfen wollen, mich zu bessern ...»[10]

Es ist dies wohl eine der übelsten Methoden, jemanden anzugreifen und ihm zugleich die Schuld dafür in die Schuhe zu schieben: das Opfer nach möglichen eigenen Verfehlungen suchen zu lassen und Vergebung für seine «Sünden» in Aussicht zu stellen.

Wie ausweglos die Situation eines Angeklagten ist, der nicht erfährt, wessen er angeklagt wird, schildert Kafka in seinem Roman «Der Prozeß», der mit den Worten beginnt: «Jemand mußte Josef K. verleumdet haben, denn ohne daß er etwas Böses getan hätte, wurde er eines Morgens verhaftet».[11]

Josef K. zeigt sich verwirrt, verärgert, hilflos; statt auf dem Nachweis seiner Schuld zu bestehen, versucht er sich ununterbrochen zu rechtfertigen – für etwas, was er nicht getan hat, ja von dem er nicht einmal weiß, was es gewesen sein könnte Am Schluß wird er hingerichtet, von zwei Männern, die aussehen wie «untergeordnete Schauspieler». Weil er die Angreifer nicht als Angreifer wahrzunehmen vermag, ist Josef K.s Untergang besiegelt. In dem Roman «Katzenauge» vermag sich die Ich-Erzählerin Elaine dagegen aus dem Bann ihrer «Freundinnen» zu befreien, nachdem diese sie in Lebensgefahr gebracht haben:

«‹Ich finde, Elaine muß bestraft werden, weil sie uns verraten hat, findet ihr nicht?› ‹Ich habe nichts gesagt›, sage ich. Ich habe jetzt nicht mehr dieses flaue Gefühl im Magen, und ich muß auch keine Tränen zurückhalten, wie früher bei solchen falschen Anschuldigungen. Meine Stimme ist unaufgeregt, ruhig, vernünftig. ... Ich bin immer noch ein Feigling, immer noch furchtsam; daran hat sich nichts geändert. Aber ich drehe mich um und lasse sie stehen. Es ist genauso, als springe man von einer Klippe und glaube, daß die Luft tragen wird. Und sie tut es. Ich merke, daß ich nicht zu tun brauche, was sie mir sagt, und schlimmer und besser noch, daß ich nie nötig gehabt hätte, zu tun, was sie sagt. Ich kann tun, was mir gefällt. ‹Wag ja nicht wegzugehen›, sagt Cordelia hinter meinem Rücken. ‹Komm sofort zurück!› Ich höre genau, was es ist. Es ist eine Nachahmung, es ist Schauspielerei. Es ist die Darstellung von jemand viel Älterem. Es ist ein Spiel. Es hat nie etwas gegeben, das an mir hätte verbessert werden müssen ...»[12]

Es ist kein Zufall, daß sowohl Atwood als auch Kafka ihre Angreifer jeweils der «Schauspielerei» bezichtigen. Dies ist in der Tat der Eindruck, den man gewinnt, wenn man aus einer distanzierten Position heraus einen Menschen beobachtet, der – ohne dies selbst zu wissen – in die Rolle einer für ihn wichtigen Person schlüpft. In der Regel handelt es sich um eine «Identifikation mit dem Aggressor», also um die Nachahmung des Verhaltens einer Person, unter deren Angriffen man selbst leidet oder gelitten hat. Meist bleibt der Nachahmungstäter dieser Rolle nicht ständig verhaftet; er schlüpft vielmehr plötzlich und ohne Vorwarnung in sie hinein, vielleicht auf einen Schlüsselreiz hin, der ihm als Stichwort dient. Seine nächsten Angehörigen und seine besten Freunde wissen nicht mehr, woran sie sind: Er scheint nicht mehr er selbst zu sein. Auch der Betroffene erlebt sein Verhalten häufig als quasi fremdgesteuert, wie der Psychoanalytiker Sandor Ferenczi bereits 1932 bemerkt hat. Er berichtet über eine seiner Patientinnen:

> «(Sie) fühlt gelegentlich, besonders wenn sie aggressiv, hart, sarkastisch etc. ist, daß etwas Fremdes aus ihr spricht, in dem sie sich nachher nicht wiedererkennt. Das bösartige Fremde entpuppt sich ... als die bösartige, unbeherrschte, aggressive, leidenschaftliche ... Mutter, deren beinahe manische Gebärden und Mimik, auch ihr Schreien, von der Patientin mit einer Naturtreue imitiert wird, wie sie nur die Folge einer vollkommenen Identifizierung sein kann.»[13]

Seine literarische Verarbeitung fand dieses Phänomen in Stevensons berühmtem Roman über den «Seltsamen Fall des Dr. Jekyll und Mr. Hyde».

Sobald das Opfer erkennt, daß es nicht «mitspielen» muß, ist der Bann gebrochen. Indirekte Aggressionen können nur wirksam sein, wenn das Opfer seine Lage weder durchschauen noch sich aus ihr befreien kann. Unter diesen Voraussetzungen können verdeckte Angriffe in Form von Forderungen das Selbstwertgefühl des Opfers nachhaltig untergraben; gleichzeitig werden Selbstzweifel und Schuldgefühle genährt. Wenn die Attacken über einen längeren Zeitraum fortgesetzt werden, dann haben wir es schließlich mit einem Menschen zu tun, der sich selbst für einen Versager hält und der meist bald auch einer ist.

Zuschreibungen zerstören das Selbstbild

Noch prekärer wird die Lage des Opfers, wenn es sich nicht nur mit offen ausgesprochenen Forderungen konfrontiert sieht, sondern darüber hinaus mit unausgesprochenen Erwartungen, deren Urheberschaft folglich vom Täter geleugnet werden kann. Unter der Voraussetzung, daß der Täter diese Forderungen nicht nur vor anderen, sondern auch vor sich selbst verbirgt, spricht man in diesem Zusammenhang auch von «unbewußten» Erwartungen, die an das Opfer herangetragen werden.

Wiederum verdanken wir das reichhaltigste Anschauungsmaterial der Eltern-Kind-Beziehung, denn Kinder sind hochmotiviert, auch die «unbewußten» Botschaften ihrer Eltern zu entschlüsseln. Um sich die Liebe ihrer Eltern zu erhalten oder sich zumindest deren Schutz zu sichern, müssen Kinder herausfinden, was ihre Eltern wirklich wollen; dabei haben sie nicht nur auf offizielle Botschaften zu achten, sondern auch auf Wünsche und Erwartungen, welche die Eltern sich nicht einmal selbst einzugestehen, geschweige denn laut zu äußern wagen.

«Offiziell» wollen Eltern natürlich nur das Beste für ihr Kind; in «Wirklichkeit» wollen sie jedoch bisweilen etwas ganz anderes. Deshalb gibt es Kinder, die nicht nur die «offiziellen» Forderungen ihrer Eltern erfüllen müssen, sondern darüber hinaus auch noch deren unbewußte Wünsche, die meist in krassem Gegensatz zu den offiziellen Forderungen stehen.

So ist der Fall gar nicht so selten, daß Eltern dem Nachwuchs im Einklang mit der herrschenden Moral offiziell vermitteln, daß sie gute schulische Leistungen von ihm erwarten. Andererseits machen sie deutlich, daß sie gar nicht an einem erfolgreichen Kind interessiert sind, sondern sich wohler fühlen, wenn dieses sich als Versager erweist. Sie können etwa mit deutlicher Verstimmung auf gute Schulnoten reagieren oder auch Mittel und Wege finden, das Kind davon abzuhalten, etwas für die Schule zu tun. Gleichzeitig werden sie sich jedoch das Recht herausnehmen, auf das schulische Versagen des Kindes mit gerechter Empörung und allen möglichen Vorhaltungen zu reagieren. Das Kind befindet sich nun also in einer psychologischen Zwickmühle: Ob es gute oder schlechte Leistungen in der Schule erbringt, es ist in jedem Fall ungehorsam. Wahrscheinlich wird es sich aber dazu entschließen, der unbewußten, unausgesprochenen Forderung zu entsprechen. Nach Meinung vieler Psychotherapeuten und Psychiater haben unbewußte Forderungen weitreichendere Wirkungen als «offizielle» Befehle. Diese stellen häufig lediglich Lippenbekenntnisse dar, mit deren Hilfe man sich als anständiger Bürger ausweist, während die aus verborgeneren Schichten der Persönlichkeit stammenden Wünsche als zentrale Antriebskräfte angesehen werden müssen. Entsprechend reagiert ein verständiges Kind eher auf solche Forderungen der Eltern, die zwar nie zur Verhandlung stehen, darum aber um so wichtiger sind.

«Hier soll das Beispiel eines Gymnasiasten erörtert werden, der heftig trank. Seine Mutter erwischte ihn, als er mit sechs Jahren an der Whiskyflasche herumschnupperte, und sagte zu ihm: ‹Du bist viel zu jung, um schon Whisky trinken zu können!› 1. Was die Mutter ihrer Aussage nach meinte, war folgendes: ‹Ich will nicht, daß mein Sohn Whisky trinkt.› 2. Ein naiver Zuschauer, etwa sein Onkel, würde dabei zu dem Schluß kommen: ‹Natürlich will sie nicht, daß das Kind trinkt.› 3. Folgendes meinte die Mutter in Wirklichkeit: ‹Das Whiskytrinken ist ausgesprochene Männersache, aber du bist noch ein kleiner Junge!› 4. Was Butch von dem Gesagten hielt, war folgendes: ‹Wenn die Zeit soweit ist, daß du dich als Mann erweisen mußt, dann wirst du Whisky trinken müssen.› … Das war schließlich auch der wirkliche Ausgang dieses Manövers. Butch wußte sehr wohl, daß er das früher oder später tun mußte, wenn er die etwas widerwillige Aufmerksamkeit seiner Mutter erregen wollte – das, was sie als ungenügenden Ersatz statt der Mutterliebe anzubieten hatte. Ihr Wunsch wurde – so wie der Sohn ihn interpretierte – für ihn zu einer Aufgabe.»[14]

Menschen mit selbstzerstörerischem oder «verrücktem» Verhalten haben meist Mütter oder Väter, die hinter der Fassade wohlmeinender Erwachsener alle wesentlichen Züge einer bösen Hexe oder eines bösen Zauberers tragen. Sie verhängen einen «Fluch» über das Kind, der es dazu antreibt, auf die eine oder andere Weise zu versagen, unglücklich oder sogar verrückt zu werden –, letztlich, um sich das Wohlwollen der Eltern zu erhalten.

Geschickte Manipulatoren können unbewußte bzw. unausgesprochene Erwartungen aber auch gegen den Widerstand ihres Opfers durchsetzen, indem sie das gewünschte Verhalten bei ihrem Opfer provozieren. Wenn man z. B. jemanden nur lange oder genau genug auf eine empfindliche Stelle trifft, so kann man jeden Menschen «böse» machen. Und wenn man aus einem gutaussehenden Mädchen ein Mauerblümchen machen will, so genügt es, beiläufig immer wieder auf kleine Mängel in ihrem Aussehen hinzuweisen. Ein weiteres anschauliches Beispiel findet sich bei Eric Berne:

> «Die Kinder sind im Prinzip Gefangene ihrer eigenen Eltern, und die Eltern können sie stets in den von ihnen gewünschten Zustand versetzen. So erzählt man etwa einem Mädchen, es sei eine hysterische, sich selbst bemitleidende ‹Heulsuse›. Die Eltern kennen den schwachen Punkt der Tochter und können sie in Gegenwart von Gästen so lange quälen, bis sie das unerträglich findet und tatsächlich in Tränen ausbricht. Da man das als ‹Selbstmitleid› bezeichnet, versucht sie krampfhaft, nicht mehr zu weinen, aber wenn sie dann einmal in Tränen ausbricht, wirkt das wie ein Wolkenbruch. Dann können die Eltern sagen: ‹Welch eine hysterische Reaktion! Jedesmal, wenn wir Besuch haben, tut sie das. Eine jämmerliche Heulsuse!›[15]

Die Eigenschaften, die man einem Menschen zuschreibt, bestimmen seinen Verhaltensspielraum und bringen ihn in eine bestimmte Position; Zuschreibungen haben deshalb, wenn sie von Personen gemacht werden, die uns wichtig sind, die Kraft von Anweisungen. Welch durchschlagende Wirkung Zuschreibungen haben können, wurde wiederholt sogar bei Personen nachgewiesen, die in keinem besonders engen Verhältnis zueinander standen. So sind beispielsweise Studien durchgeführt worden, in denen eine Klasse von Schülern in zwei Gruppen mit gleichem IQ eingeteilt wurde. Den Lehrern wurde jedoch gesagt, daß die eine Gruppe einen hohen IQ habe; man würde deshalb erwarten, daß sie besser abschneiden würde als die zweite Gruppe. Obwohl der einzige Unterschied zwischen den beiden Gruppen die Erwartung der Lehrer war, bekam die Gruppe mit dem angeblich höheren IQ in einem späteren Test viel bessere Zensuren als die zweite Gruppe. Mit anderen Worten: Die Kinder, von denen die Lehrer gute Leistungen erwarteten, konnten tatsächlich bessere Leistungen vorweisen!

Das Phänomen der sich selbst erfüllenden Prophezeiung ist als «Pygmalion-Effekt» in die psychologische Literatur eingegangen. Damit ist gemeint, daß die Erwartungen, die wir hegen, unser Verhalten und das Verhalten anderer so beeinflussen können, daß die Erwartungen schließlich bestätigt werden. Es hat dann den Anschein, als ob unsere Erwartungen zutreffend gewesen wären; tatsächlich hat jedoch die Tatsache, daß wir ein bestimmtes Ergebnis erwarteten, das Ergebnis erst herbeigeführt. Weiterführende Untersuchungen auf diesem Gebiet haben ergeben, daß die relevanten Botschaften häufig auf nonverbalem Weg an den Mann oder die Frau gebracht werden – durch ein Stirnrunzeln etwa, das die Worte: «Das hast du gut gemacht» oder «Das freut mich aber» Lügen straft; durch gelangweiltes Desinteresse an Verhaltensweisen, die den Erwartungen zuwiderlaufen und gespannte Aufmerksamkeit bei «Treffern» und vielem ähnlichem mehr.

Laing führt in diesem Zusammenhang das Beispiel einer jungen Frau an, die zu ihrem 20. Geburtstag von ihrer Mutter eine Bluse geschenkt bekommen hat, die ihr a) zwei Nummern zu groß und b) sehr schlicht ist, so daß sie der Tochter nicht gefällt. Statt enttäuscht oder verärgert zu sein, erlebt die Tochter jedoch Scham- und Schuldgefühle, weil sie nicht zu der Bluse paßt, die die Mutter für sie ausgesucht hat. Laing identifiziert folgende Botschaften, die zusammen mit der Bluse «überreicht» wurden:

> «Die Bluse vermittelte dadurch, daß sie nicht attraktiv war, eine Zuschreibung: ‹Du bist keine attraktive junge Frau.› Diese Zuschreibung brachte eine Anweisung mit sich: ‹Sei nicht attraktiv.› Gleichzeitig wurde sie verspottet, weil sie nicht attraktiv war. Joan zog schließlich doch die Bluse an und fühlte sich hilflos, verzweifelt und verwirrt.»[16]

Geschenke sind ein ausgezeichnetes Mittel, um Botschaften zu übermitteln, ohne sie laut aussprechen oder sich auch nur selbst Rechenschaft darüber ablegen zu müssen. Wer hat sich nicht schon über ein Geschenk geärgert, das eine offenkundige Beleidigung darstellte und auf das man doch nur mit angemessener Dankbarkeit reagieren konnte? Weihnachten ist sicher nicht zuletzt deshalb Anlaß zu ausgedehnten Familienkrächen, weil mit den Geschenken zugleich getarnte Feindseligkeiten ausgetauscht werden. Die ambitionierte Ehefrau erhält von ihrem Gatten einen neuen Satz Kochtöpfe (Zuschreibung: «Du bist doch nur eine Hausfrau!»), der heranwachsenden Tochter schenkt die Mutter ein bezauberndes Kleid, das allerdings zwei Nummern zu klein ist («Du bist zu dick!»), der Familienvater erhält von jedem Familienmitglied eine Krawatte (Zuschreibung: «Du bist ein Langweiler!»), der 12jährige Sohn soll sich über eine Eisenbahn freuen, mit der sein Vater zu spielen gedenkt (Botschaft: «Du spielst keine Rolle, hier geht es nur um mich.»). Insbesondere für Kinder kann das Weihnachtsfest zu einer schweren Prüfung werden, denn ihre Enttäuschung offen zu zeigen handelt ihnen den Vorwurf ein, undankbar zu sein und viel zu anspruchsvoll.

Wie man am Beispiel von Geschenken sieht, lassen sich Zuschreibungen und die damit verbundenen Anweisungen mitunter auch dann sehr gut anbringen, wenn man nicht über persönliche Macht über das Opfer verfügt, sondern sich statt dessen die Macht der Konventionen zunutze macht. Ein höflicher Mensch, dem es schwerfällt, gegen die Regeln seiner guten Erziehung zu verstoßen, wird es nicht ohne weiteres fertigbringen, selbst unverschämten Forderungen seiner Mitmenschen eine klare Absage zu erteilen. Andere Menschen wiederum verstehen es, unsere Bereitschaft zu konventionellem Verhalten schamlos für ihre eigenen Ziele auszubeuten. Das Opfer mag sich in Qualen winden und dennoch nicht nein sagen, wenn sich ihm ein unwillkommener Gast aufdrängt, weitaus länger bleibt, als es dem Gastgeber lieb sein kann und schließlich noch erwartet, persönlich nach Hause gebracht zu werden. In einem solchen Fall operiert der Täter mit der unausgesprochenen Zuschreibung: «Du bist doch ein höflicher Mensch!», welche zugleich die Anweisung beinhaltet: «Du darfst einem Gast nichts abschlagen!»

Andere Zuschreibungen, die uns durch die Macht der Konventionen in ihren Bann zwingen, sind: «Du bist doch eine Dame» (Anweisung: «Sei zurückhaltend beim Essen, Trinken, Rauchen, Reden, lächle statt dessen und laß anderen den Vortritt») bzw. «Du bist doch ein Mann» (Anweisung: «Sei hart, stark und tapfer und scheue dich nicht, gegebenenfalls auch in den Krieg zu ziehen»). Nicht nur durch negative Zuschreibungen («Du bist ein böser Junge») lassen sich Menschen erheblich unter Druck setzen, sondern durchaus auch durch positive Zuschreibungen. Nichts kann einen Menschen derart einschränken, seine Initiative lähmen und ihn zum hilflosen Opfer anderer werden lassen wie die Zuschreibung, er sei ein «guter» Mensch. Akzeptiert er nämlich diese Zuschreibung für sich (wie es viele brave kleine Mädchen tun, denen dies nur oft genug gesagt werden muß), so ist er von nun an gezwungen, den Forderungen und Erwartungen seiner Mitmenschen stets Genüge zu leisten, nicht an sich selbst zu denken, sondern immer zuerst an die anderen – denn schließlich ist er ein «guter» Mensch. Die Zuschreibung «Du bist gut» oder «Du bist brav» mag also noch so freundlich und harmlos klingen; dahinter versteckt sich jedoch häufig eine gar nicht so ungezielte Feindseligkeit.

Zuschreibungen beziehen sich nicht immer nur auf einzelne Eigenschaften; sie können mitunter den Charakter hochkomplexer Rollenanforderungen annehmen. So hat der Psychoanalytiker Horst Eberhard Richter dargelegt, daß neurotisches oder «verrücktes» Verhalten von Kindern häufig eine Folge elterlicher Projektionen ist: Die Eltern übertragen dem Kind die Rolle einer anderen Person, meist aus ihrer eigenen Kindheitsgeschichte, mit der sie sozusagen noch ein Hühnchen zu rupfen haben. Das Kind wird etwa dazu gedrängt, die Rolle des eigenen Vaters oder der eigenen Mutter zu übernehmen, oder auch die eines Geschwisters. Nun kann der Elternteil gefahrlos «offene» Rechnungen begleichen, etwa die bedingungslose Liebe von seinem Kind einfordern, die ihm seine eigene Mutter vorenthalten hat, oder jenen Haß am Kind abreagieren, den man dem eigenen Vater nie offen zu zeigen gewagt hat. Das Kind ist dabei gezwungen, ein falsches Selbst anzunehmen; je weitreichender die Zuschreibungen sind, die ihm auferlegt werden, desto weniger findet sein wahres Selbst noch Anerkennung und Bestätigung.

«Nach dem Tode seiner Mutter, als er zehn war, begann Davis seine umfassende Identifikation mit ihr zu zeigen; er zog vor dem Spiegel ihre Sachen an, führte den Haushalt für seinen Vater, genau wie es seine Mutter getan hatte, und ging dabei sogar so weit, daß er dessen Socken stopfte, strickte, webte und Sesselbezüge und Vorhänge auswählte. Obwohl es für außenstehende Beobachter ganz offensichtlich ist, werden sich weder der Patient noch der

Vater darüber klar, in welchem Ausmaß er seine Mutter geworden war. Es ist auch deutlich, daß der Junge, indem er das machte, einem Wunsch des Vaters nachkam, der allerdings niemals direkt geäußert wurde und dessen Existenz seinem Vater sicher nicht bewußt war. Das falsche Selbst dieses Schuljungen war, als er vierzehn war, bereits ein höchst komplexes System. Ihm war das Ausmaß seiner Identifikation mit seiner Mutter nicht bewußt, aber er war sich intensiv seiner zwanghaften Tendenz bewußt, auf feminine Art zu agieren, und seiner Schwierigkeit, die Rolle der Lady Macbeth abzuschütteln.»[17]

Zuschreibungen dieser Art zwingen das Opfer nicht nur zu einer bestimmten Weise des Verhaltens, sondern auch zu einer bestimmten Weise des Seins. Im Extremfall bedeutet dies eine vollständige Negation der wahren Identität einer Person. Dies kann selbstverständlich nicht immer gelingen, selbst dann nicht, wenn der Täter sein Opfer vollständig in der Hand hat; denn es kann sein, daß das Opfer schlicht und einfach nicht über die Möglichkeiten verfügt, die seine Rolle ihm abverlangt.

Im Jahre 1919 – Kafka ist 36 Jahre alt – schreibt er einen «Brief an den Vater», in dem er sich dafür rechtfertigt, daß er nicht so geworden ist, wie dieser es sich von ihm erhofft hatte. Nachdem er geschildert hat, wie ihn sein Vater eines Nachts zur Strafe für ein unerfindliches Vergehen vor der Haustür ausgesperrt hat, schreibt Kafka:

«Das war damals ein kleiner Anfang nur, aber dieses mich oft beherrschende Gefühl der Nichtigkeit stammt vielfach von Deinem Einfluß. Ich hätte ein wenig Aufmunterung, ein wenig Freundlichkeit, ein wenig Offenhalten meines Weges gebraucht, statt dessen verstelltest du mir ihn, in der guten Absicht freilich, daß ich einen anderen Weg gehen sollte. Aber dazu taugte ich nicht. Du muntertest mich zum Beispiel auf, wenn ich gut salutierte und marschierte, aber ich war kein künftiger Soldat, oder du muntertest mich auf, wenn ich kräftig essen oder sogar Bier dazu trinken konnte, oder wenn ich unverstandene Lieder nachsingen oder deine Lieblingsredensarten Dir nachplappern konnte, aber nichts davon gehörte zu meiner Zukunft ...»[18]

Kafkas Eigenart, seine Fähigkeiten und Neigungen, alles, was er war und sein konnte, wurden von seinem Vater ignoriert oder entwertet. Dagegen wurde alles, was Kafka nicht war und nicht sein konnte, aber dem Wunsch des Vaters nach sein sollte, als Vorwurf, ein «Versager» zu sein, gegen den Sohn gekehrt. Wenn ein Kind also die an es herangetragenen Erwartungen und Zuschreibungen nicht erfüllen kann, dann ist es damit noch keineswegs aus dem Schneider, frei, seine eigene Persönlichkeit zu entfalten, sondern wird im Gegenteil häufig zur Zielscheibe der offenen Aggressionen seiner enttäuschten Eltern. Gerade Menschen, die dazu neigen, andere zu Marionetten in ihrem Privattheater zu machen, fehlt meist die Distanz, um sich in vernünftiger Weise damit abzufinden, daß ein Kind schwächer oder zumindest anders ist, als sie es erhofften.

Den anderen Ausgang dieser häuslichen Tragödie beschreibt Alice Miller in ihrem berühmten Buch «Das Drama des begabten Kindes»: Das begabte Kind ist jenes Kind, dem es gelingt, den elterlichen Anpassungsforderungen zu genügen, weil es sowohl über die Fähigkeit verfügt, die Erwartungen und Bedürfnisse der Eltern intuitiv zu spüren, als auch über die Fähigkeit, diese adäquat zu beantworten.

«Die Anpassung an elterliche Bedürfnisse führt oft (aber nicht immer) zur Entwicklung der ‹Als-ob-Persönlichkeit› oder dessen, was man häufig als falsches Selbst bezeichnet. Der Mensch entwickelt eine Haltung, in der er nur das zeigt, was von ihm gewünscht wird, und ganz mit dem Gezeigten verschmilzt. Das wahre Selbst kann sich nicht entwickeln und differenzieren, weil es nicht gelebt werden kann. Begreiflicherweise klagen diese Patienten über Gefühle der Leere, Sinnlosigkeit, Heimatlosigkeit, denn diese Leere ist real. Es hat eine Entleerung, Verarmung, partielle Tötung der Möglichkeiten tatsächlich stattgefunden. Die Integrität des Kindes wurde verletzt, und damit wurde das Lebendige, Spontane abgeschnitten.»[19]

Zuschreibungen haben weitreichende Effekte: Sie können – im positiven Fall – das Beste aus einem Menschen herausholen, indem sie ihm zu der Zuversicht verhelfen, die er braucht, um anstehende Probleme und Schwierigkeiten zu bewältigen. Im negativen Fall – wenn nämlich Zuschreibungen eher den Charakter von Verwünschungen annehmen, weil sie als Ventil für eine verborgene Feindseligkeit dienen – schränken Zuschreibungen den Handlungsspielraum des Opfers ein und lassen ihm nur die Wahl, sich entweder anzupassen (also sich zu unterwerfen) oder sich als Versager abstempeln lassen zu müssen, der das Wohlwollen derer, von denen er abhängig ist, nicht verdient.

Entwertungen untergraben das Selbstwertgefühl

Die Entwertung anderer ist eine der gängigsten Münzen im sozialen Austausch. Man wird übersehen, nicht ernst genommen, bloßgestellt, heruntergeputzt oder auch nur mit einem geringschätzigen Achselzucken bedacht. Solche Erfahrungen werfen einen Schatten auf unsere tagtäglichen Begegnungen und lassen uns in der Hoffnung nach Hause zurückkehren, dort Anerkennung zu finden. Wenn es jedoch nicht irgendwelche «Leute» sind, die uns herabsetzen, sondern unsere wichtigsten Bezugspersonen, dann haben Entwertungen die Kraft von Schlägen, von denen wir uns nicht so leicht erholen.

Bereits Zuschreibungen sind mit Entwertungen verbunden; die tatsächlichen Eigenschaften und Fähigkeiten des Opfers werden nämlich zugunsten der ihm zu- und vorgeschriebenen Eigenschaften und Fähigkeiten herabgesetzt oder negiert. Dies kann auf äußerst subtile Weise geschehen. Einem Kind etwa, das gut mit Zahlen umgehen kann und über einen gesunden Geschäftssinn zu verfügen scheint, können die Eltern ihre Verachtung für alles «Materielle» und ihre Bewunderung für «höhere», schöngeistige Werte vermitteln, ohne je direkt auf die Fähigkeiten und Neigungen des Kindes selbst einzugehen. Auch können Dritte, etwa Schulkameraden des Kindes, für ihren Einsatz auf einem bestimmten Gebiet gelobt oder kritisiert werden, um dem Opfer die persönlichen Wertungen des Täters nahezubringen. Das von den elterlichen Vorstellungen abweichende Verhalten wird dagegen häufig als «böse» oder «verrückt» bezeichnet.

Da ist zum Beispiel ein extravertiertes Kind, das in einer Familie aufwächst, die Zurückhaltung und Verschlossenheit als «Vornehmheit» kultiviert. Die Lebhaftigkeit des Kindes und seine Aufgeschlossenheit im sozialen Umgang werden hier als eine «Störung» wahrgenommen, die behoben werden muß; ein tatsächlicher Wert – nämlich die Lebensfreude und soziale Kompetenz des Kindes – wird zu einem Unwert erklärt. In einem solchen Fall leidet das Kind enorm, denn etwas, was sich für es richtig und gut anfühlt, ärgert die Eltern. Es fühlt sich in einem Bereich krank oder fehlerhaft, wo es eigentlich sehr gesund und echt ist.

Neben solchen hintergründigen Entwertungen kommen in zwischenmenschlichen Beziehungen auch sehr unverblümte Abwertungen häufig zum Einsatz. Da sagt etwa der «Mann in den besten Jahren» zu seiner gleichaltrigen (also viel zu alten) Frau: «Na, schaffst du die Treppe noch in deinem Alter?» Oder: «Ich glaube, wir sollten uns neue Möbel zulegen; dein Arsch paßt nicht mehr auf die alten.»

Manche Menschen machen es sich auch zur Gewohnheit, ihre Abgabe abschätziger Urteile über andere hinter Besorgnis und Zweifeln zu verstecken. Einem jungen Mann etwa, der zu einem wichtigen Vorstellungsgespräch ging, sagte seine Mutter: «Du brauchst dir keine Sorgen zu machen. Bei deinen Qualifikationen wirst du alle anderen Bewerber aus dem Feld schlagen.» Einige Stunden später konnte der junge Mann seiner Mutter tatsächlich stolz berichten, daß er die Stelle bekommen habe. «Wirklich?» sagte seine Mutter mit Verwunderung in der Stimme. «Du hast die Stelle wirklich bekommen? Bist du sicher, daß da kein Irrtum vorliegt?» Um den Stolz, die Freude und vor allem die Selbstsicherheit ihres Sohnes ins Wanken zu bringen, hätte diese Mutter auch sagen können: «Bist du sicher, daß du den Anforderungen tatsächlich gewachsen bist?» Oder: «Ich mache mir Sorgen, ob du nicht wieder versagst, wie damals, in der dritten Klasse.»

Der Psychotherapeut Howard Halpern berichtet folgende Anekdote:

> «Als einer meiner Freunde eine Arztpraxis in einem luxuriösen Gebäude in Manhattan aufmachte, besuchte ihn seine Mutter, um ihm zu gratulieren und um ihn zu fragen, wie ihm seine Praxis gefiel.
> ‹Prima, sie gefällt mir wirklich gut.›
> ‹Sag mal, wissen die, daß du hier bist?›
> ‹Wie meinst du das? Ob wer weiß, daß ich hier bin?›
> ‹Die Leute, denen das Gebäude gehört. Die Behörden hier.›
> ‹Natürlich wissen die, daß ich hier bin. Ich zahle Miete. Ich habe einen Mietvertrag. Dies ist mein Büro.›
> Nach einer langen Pause fragte seine Mutter: ‹Und es macht ihnen nichts aus?›»[20]

Ähnliche Dialoge wie diese zwischen Eltern und (erwachsenen) Kindern lassen sich auch zwischen Ehepartnern finden, wobei es dem Täter meist darum zu gehen scheint, die Emanzipation seines Opfers zu verhindern. Die Entwertung des Opfers dient, positiv formuliert, der Bindung des Opfers an den Täter und dazu, es im Machtbereich des Täters festzuhalten. Deshalb zielt die Entwertung bevorzugt auf all jene Fähigkeiten und Fertigkeiten des Opfers, die geeignet sind, es vom Täter zu «entfremden», das heißt unabhängig zu machen. Eine Ehefrau berichtet:

> «Neulich gelang mir in meiner Malerei ein Effekt, den ich schon länger zu erzielen versucht hatte. An diesem Abend erzählte ich Luke von meinem Erfolg. Daraufhin sagte er in wirklich sarkastischem Ton: ‹Ja, ist es nicht schön, tagsüber etwas zu tun zu haben?›»[21]

Um einen Menschen zu entwerten, kann man ihn als eine andere Person behandeln, als er tatsächlich ist; man kann ihn auch seiner Selbstsicherheit berauben, indem man ihn offen oder versteckt herabsetzt. Es ist aber auch möglich, die Position eines anderen zu untergraben, indem man ihn einfach ignoriert. Dabei besteht die eigentliche Kunst darin, das Opfer merken zu lassen, daß man es nicht bemerkt. Es soll erfahren, daß es nicht wert ist, beachtet zu werden, ja nicht einmal verdient, durch Worte oder Gesten offen angegriffen zu werden. Claudia Heyne berichtet folgenden Fall:

> «Um den Versuch der symbolischen Vernichtung eines anderen Menschen ging es bei einer Frau, die ihren Sohn ein Leben lang in großer Abhängigkeit zu halten gesucht hatte und sehr eifersüchtig reagierte, als er heiratete. Zu Weihnachten überhäufte sie den Sohn mit Geschenken, die unangemessen intimen Charakter hatten; seine Frau hingegen wurde in keiner Weise bedacht. Selbst die beigefügte Grußkarte war nur an den Sohn gerichtet und von der Mutter mit einer Formulierung eingeleitet, wie man sie üblicherweise aus Liebesbriefen kennt. Ihre aggressiven Impulse der

Ehefrau gegenüber brachte die Mutter durch Nichtbeachtung un-
mißverständlich zum Ausdruck.»[22]

Es liegt auf der Hand, daß eine Frau, die von ihrer Schwiegermutter derart übergangen wird, darüber nicht glücklich sein
kann. Denn wir alle wollen von den Menschen, mit denen wir
zu tun haben, vielleicht nicht immer unbedingt geliebt, aber
doch immerhin beachtet werden. Die Implikationen des Verhaltens der Schwiegermutter sind jedoch noch weitreichender:
Indem sie sich so benimmt, als wäre ihr Sohn gar nicht verheiratet, unterminiert sie nicht nur das Selbstwertgefühl ihrer
Schwiegertochter, sondern auch die eheliche Beziehung selbst.
Sie gibt ihrem Sohn zu verstehen, daß seine Frau nicht zählt,
und wenn ihr Sohn, was zu befürchten ist, ein gehorsamer Sohn
ist, so wird er sich dieser Meinung früher oder später anschlie-
ßen.

In intimen Beziehungen wird das Ignorieren des anderen
häufig auch als Druckmittel oder Strafmaßnahme eingesetzt. Es
gibt bekanntlich Eltern, die tagelang nicht mit ihren Kindern
sprechen, wenn diese sich in ihren Augen schuldig gemacht haben. Ein derart vorsätzlicher «Liebesentzug» hat meist eine
durchschlagendere Wirkung als die Anwendung körperlicher
Gewalt; jüngere Kinder können damit buchstäblich an den
Rand der Verzweiflung getrieben werden. Eltern, die ihre Macht
auf diese Weise mißbrauchen, sind aber meist stolz darauf, daß
ihnen nie «die Hand ausrutscht» oder auch nur ein lautes Wort
fällt; Psychoterror gilt ihnen als legitimes, ja elegantes Mittel,
sich durchzusetzen. Auch in Paarbeziehungen wird das Schweigen als Waffe verwendet. Der eine verstummt; dem anderen
wird damit das Wort entzogen. Er kann seine Anliegen nicht
mehr vorbringen, seine Bedürfnisse und Meinungen nicht
mehr äußern, denn da ist niemand, der auf ihn reagiert. Bald ist
dem Opfer eines solchen Schweigeangriffs klar, daß es seine An-

liegen, Bedürfnisse und Meinungen zurückzustellen hat, wenn es wieder in Gnaden aufgenommen werden will.

Eine abgeschwächte Form des Ignorierens ist die Depersonalisation: Dabei wird der andere nicht wie Luft behandelt, sondern eher wie eine Sache. Diese Haltung wird im täglichen Leben häufig eingenommen und als normal betrachtet. Im öffentlichen Leben behandelt man einander als bloße Funktions- und Rollenträger und sieht davon ab, auf die Person, die dahintersteht, näher einzugehen. Zumindest in Großstädten ist ein Schuhverkäufer ein Mensch, der Schuhe verkauft, und mehr nicht. Ob er in seiner Freizeit Schmetterlinge sammelt, Probleme mit seiner linken Kniescheibe hat und Krach mit seiner Schwiegermutter, interessiert nicht. Viele Menschen würden sich belästigt fühlen, wenn ihnen der Schuhverkäufer diese Informationen aufdrängen würde: Depersonalisation gilt als Voraussetzung für ein reibungsloses gesellschaftliches Zusammenleben. In intimen Beziehungen ist das Ignorieren des anderen als eigenständige Person jedoch ein äußerst rabiates Mittel, um ihn zu demoralisieren. Wer etwa von seinem Partner darauf reduziert wird, nur zu «funktionieren», das heißt, die ihm zugewiesenen Aufgaben zu erfüllen, ohne sich selbst dabei ins Spiel bringen zu dürfen, der leidet bald an dem Gefühl, am ausgestreckten Arm zu verhungern.

Da ist zum Beispiel der Mann, der seine Frau mit einer Hausangestellten verwechselt. Entsprechend glaubt er erwarten zu können, daß seine Anordnungen stets prompt und genau von ihr befolgt werden; insbesondere meint er, daß sie keine Einwände geltend machen darf, wie er auch sonst keinen Wert darauf legt, ihre persönliche Meinung zu erfahren. In seinen Augen geht es in ihrer Beziehung vor allem darum, daß seine Bedürfnisse befriedigt werden; ihre Bedürfnisse spielen ebensowenig eine Rolle wie die des Friseurs, bei dem unser Mann sich die Haare schneiden läßt, oder die des Verkäufers, der ihm das richtige Paar Schuhe reicht. Die Frau des Mannes, der seine Frau mit einer Hausangestellten verwechselt, ist höchstwahrscheinlich depressiv. Sie kommt sich vor wie ein Nichts. Sie ist emotional ausgehungert. Sie hat das Gefühl, nichts richtig machen zu können, denn alle ihre Dienstleistungen werden der gnadenlosen Kritik ihres «Arbeitgebers» unterzogen.

Eine junge Frau steht nach vierjähriger Ehe am Rande eines Nervenzusammenbruchs. Obwohl sie sich in allem und jedem nach den Wünschen ihres Ehemannes richtet, sieht er sich immer häufiger veranlaßt, sie mit barschen Worten zurechtzuweisen. Das Essen ist nicht rechtzeitig fertig. Ein Oberhemd ist nicht anständig gebügelt. Im Kühlschrank befindet sich ein Karton Eier, dessen Verfallsdatum überschritten ist. Der dreijährige Sohn hat seine Schaufel im Garten liegengelassen. Sie telefoniert mit einer Freundin, statt sich um ihn zu kümmern … Die Vorhaltungen des Ehemannes werden sogar noch heftiger, als seine Frau an einer schweren Grippe erkrankt und das Bett hüten muß. Es kommt ihm nicht in den Sinn, sich um sie zu kümmern oder ihr die Sorge um den Sohn abzunehmen; statt dessen gerät er außer sich vor Wut, weil sie aufgehört hat zu funktionieren. Sie hat das Gefühl, daß er sie am liebsten auf der Stelle entsorgen würde, wie eine defekte Maschine, die es nicht mehr lohnt zu reparieren …

Wenn es (wie so häufig) auch noch zu den Funktionen des Opfers gehört, Verständnis für den Täter zu zeigen (ohne umgekehrt Verständnis für sich selbst erwarten zu dürfen), so entsteht daraus eine merkwürdig verzerrte und in hohem Maße ungleichgewichtige Beziehung zwischen Täter und Opfer, die ihren Niederschlag in der Psyche des Opfers findet. Einerseits fühlt sich das Opfer vom Täter «gebraucht», und das verleiht ihm eine gewisse Bedeutung; andererseits ist es darauf reduziert, den Täter je nach Bedarf zu ermuntern, zu bestätigen oder zu spiegeln, ohne sich dabei selbst zu erkennen zu geben oder gar eigene Probleme ins Spiel zu bringen. Damit wird dem Opfer nicht nur jede Grundlage zur Durchsetzung seiner eigenen Interessen entzogen; es wird ihm zugleich das Gefühl vermittelt, als Person mit spezifischen Eigenarten und Fähigkeiten keine Rolle zu spielen, letztlich also austauschbar zu sein. Nach den Beobachtungen erfahrener Psychotherapeuten reagieren Menschen auf die Zumutung, nicht als eigenständige Person, sondern als unpersönliche Funktion behandelt zu werden, mit Schuldgefühlen und Selbstvorwürfen sowie dem Eindruck, versagt zu haben.[23] Depersonalisierte Menschen haben im allgemeinen das Gefühl, nicht in Ordnung zu sein. Sie bedürfen der Unterstützung anderer, um herauszufinden, daß nicht mit ihnen, sondern mit der depersonalisierenden Person etwas nicht stimmt.

Menschen, die dazu neigen, andere Personen zu depersonalisieren, werden häufig als «narzißtisch» bezeichnet. Ihnen wird eine Persönlichkeitsstörung attestiert, die sie in verschiedenem Grade unfähig machen soll, sich in andere Personen einzufühlen, ja sie überhaupt als unabhängige Objekte wahrzunehmen. Ein Narzißt sieht andere Menschen nur durch die Brille seiner eigenen Bedürfnisse – folglich registriert er nur ihre Eignung, seine Ansprüche zu befriedigen. Der Psychoanalytiker Otto Kernberg schreibt:

«Narzißtische Persönlichkeiten fallen auf durch ein ungewöhnliches Maß an Selbstbezogenheit im Umgang mit anderen Menschen, durch ihr starkes Bedürfnis, von anderen geliebt und bewundert zu werden, und durch den eigenartigen (wenn auch nur scheinbaren) Widerspruch zwischen einem aufgeblähten Selbstkonzept und gleichzeitig einem maßlosen Bedürfnis nach Bestätigung durch andere ... Die mitmenschlichen Beziehungen solcher Patienten haben im allgemeinen einen eindeutig ausbeuterischen und zuweilen sogar parasitären Charakter; narzißtische Persönlichkeiten nehmen gewissermaßen für sich das Recht in Anspruch, über andere Menschen ohne jegliche Schuldgefühle zu verfügen, sie zu beherrschen und auszunutzen; hinter einer oft recht charmanten und gewinnenden Fassade spürt man etwas Kaltes, Unerbittliches.»[24]

Narzißtische Störungen werden im allgemeinen auf frühkindliche traumatische Erfahrungen zurückgeführt, die das Individuum daran hindern, zu einem verantwortungsbewußten Erwachsenen zu reifen. Mario Erdheim verweist jedoch zu Recht auf den engen Zusammenhang zwischen Narzißmus und Macht, der in zwei Richtungen gedeutet werden kann: Zum einen gelangen narzißtisch veranlagte Menschen leichter als andere in Machtpositionen, weil sie ihre Ziele skrupelloser verfolgen und keine Bedenken haben, ihre Mitmenschen zu manipulieren und auszunutzen. Zum anderen verleitet die Macht selbst zur Einnahme einer narzißtischen Position und damit auch zur Negation anderer.[25] Denn tatsächlich sind ein egozentrischer Standpunkt und Rücksichtslosigkeit gegenüber den Bedürfnissen und Gefühlen anderer nur aus der Position des Überlegenen heraus möglich. Wer über Macht verfügt, der braucht kein Verständnis für den anderen, denn Macht ist «die Chance, für einen Befehl bestimmten Inhalts bei angebbaren Menschen Gehorsam zu finden ohne Rücksicht auf deren eigene Ansicht über Wert und Unwert des Befehls» (Max Weber). Menschen in Abhängigkeitspositionen zeichnen sich dagegen meist durch ein ausgeprägtes Einfühlungsvermögen sowie Rücksichtnahme und Verständnis für andere (vor allem aber für Menschen in Machtpositionen) aus – und zementieren damit zugleich ihre unterlegene Position. Der Soziologe Richard Senett schreibt über jene Form moderner «Autorität», die sich gleichgültig zeigt und Autonomie für sich beansprucht:

«Wenn ein Mensch von anderen mehr gebraucht wird, als er sie braucht, dann kann er es sich leisten, ihnen gegenüber gleichgültig zu sein. Der Fürsorgebeamte, der über die Not des Antragstellers beim Ausfüllen komplizierter Formulare hinwegsieht, der Arzt, der seine Patienten lediglich als ‹Fälle› und nicht als Personen achtet – sie sichern sich durch solche Teilnahmslosigkeit ihre Überlegenheit. Reserviert bleiben, wenn andere Ansprüche stellen, ist in der komplexen Form von Autonomie ein Mittel, die Oberhand zu behalten. Gewiß, nur wenige Menschen sind absichtlich grob und gefühllos. Doch die Autonomie macht es unnötig, mit anderen offen und wie mit Gleichgestellten zu verkehren. Etwas gerät aus der Balance: Die anderen zeigen ihr Bedürfnis nach dir deutlicher, als du dein Bedürfnis nach ihnen zeigst. Das macht dich zum Herren der Situation.»[26]

Wird die Kälte einer solchen «Autorität» in private Beziehungen hineingetragen, etwa in das Verhältnis von Eltern und Kindern oder von Mann und Frau, dann wird die Destruktivität dieser Form der Entwertung deutlich sichtbar. Die Partner von Menschen mit starken Entwertungstendenzen halten sich in der Regel für wenig liebenswert und kaum fähig, mit dem Leben zurechtzukommen. Sie gelten als bescheiden, als Menschen, die kein Aufhebens von sich machen, nicht anspruchsvoll sind, sich widerstandslos einfügen und anpassen. Weil sie es meist von Kindheit an gewohnt sind, entwertet zu werden, fällt es ihnen schwer, die Ursache ihres Unglücklichseins ausfindig zu machen. Auch finden sie selten Unterstützung bei Außenstehenden, denn demoralisierte Menschen wirken insgesamt wenig anziehend. Sie strahlen meist kaum noch etwas von jener Selbstsicherheit und Lebensfreude aus, die Menschen an sich haben, auf die wir gerne zugehen. Sie sind, wie bereits gesagt, Kandidaten für Psychotherapie oder Psychiatrie.

Ziel der Aggressionen:
andere beherrschen

Distanzierung: am ausgestreckten Arm verhungern lassen

Ebenso wie physische Gewalt hat auch seelischer Terror unterschiedliche Gründe, die sich teilweise überschneiden, einander gegenseitig ergänzen und dem Täter mehr oder weniger bewußt sein können. Der profanste dieser Gründe ist der Wunsch, jemanden aus dem Wege zu schaffen, der den eigenen Interessen und Plänen hinderlich ist. Unzivilisierte Menschen und professionelle Kriminelle wenden rohe Gewalt an, um sich anderer zu entledigen, während der Normalbürger eher auf verdeckte Methoden der Aggression zurückgreift. Das Bestreben, einen anderen verrückt zu machen, ist von dem Psychiater Harold F. Searles deshalb auch als das psychologische Äquivalent eines Mordversuchs bezeichnet worden. Für dieses Vorhaben fand und findet der Täter häufig staatliche und psychiatrische Komplizenschaft, sofern er über eine entsprechende gesellschaftliche Stellung verfügt. So konnten seit Mitte des 19. Jahrhunderts nach einem richterlichen Erlaß Geisteskranke auf Verlangen der Familie, d. h. des Familienoberhaupts, in eine geschlossene Anstalt eingewiesen werden. Von nun an stieg die Zahl der Einweisungen von angeblich verrückten Frauen dramatisch an: 1845–1849 waren es laut Yanick Ripa 9930 Fälle, 1871 bereits

20 000. In einem Drittel der Fälle waren die Frauen auf Geheiß ihrer Ehemänner, in zwei Dritteln auf Initiative ihrer Väter oder Arbeitgeber eingesperrt worden.[1]

Die Praxis, die eigene lästige Frau oder Tochter für verrückt erklären zu lassen, war häufig nicht nur von dem Wunsch motiviert, sie loszuwerden, sondern erfolgte auch aus disziplinarischen Gründen. Phyllis Chesler berichtet in ihrem Buch «Frauen – Das verrückte Geschlecht»:

> «1860 ließ Elizabeth Packards Mann seine Frau in eine geschlossene Anstalt bringen, weil sie eine eigene ‹freie religiöse Meinung› zu äußern gewagt hatte. Sie bestand nämlich darauf, ihre Bibelschüler lehren zu dürfen, der Mensch werde ‹gut› und ‹nicht böse› geboren. Ihr Mann, ein Geistlicher, entführte sie gegen ihren Willen – obwohl er juristisch das Recht dazu besaß – und brachte sie in eine Irrenanstalt in Jacksonville, Illinois. Er verbot seinen Kindern, die zwischen 18 Monaten und 18 Jahren alt waren, mit ihr Kontakt aufzunehmen oder über sie zu sprechen, enthielt ihr ihr eigenes (ererbtes) Vermögen vor, nahm ihr ihre Kleider, Bücher und persönlichen Papiere und schilderte ihren Zustand ihren Eltern gegenüber falsch.»[2]

Die «Verrücktheit» der Frau brachte dem Mann, der sich ihrer auf diese Weise entledigte, über den offenkundigen Vorteil der Verstoßung hinaus nicht selten beträchtlichen ökonomischen Gewinn. In jedem Fall entging er der Verpflichtung, für sie zu sorgen. Denn war eine Frau erst einmal in einer Irrenanstalt untergebracht, so war es dem Staat überlassen, für ihre Unterkunft und Verpflegung aufzukommen. Die Funktion, «überflüssige» Frauen in Verwahrung zu nehmen, hatten vor dem Aufkommen der Psychiatrie und psychiatrischer Institutionen die Klöster inne – man ist deshalb versucht zu sagen, Irrenanstalten seien die säkularisierte Form des Klosters, mit methodischen Anleihen bei der heiligen Inquisition.

Reichte es im 19. Jahrhundert noch aus, eine Frau ohne nähere Angabe von Gründen einfach für verrückt zu erklären, um sie in eine Anstalt einweisen lassen zu können, so ist es im 20. Jahrhundert notwendig geworden, einen Menschen, den man loswerden will, buchstäblich verrückt zu machen. Männer suchen in Psychotherapeuten und Psychiatern bisweilen Komplizen, mit deren Hilfe sie ihre meist bereits demoralisierten Frauen endgültig als «krank» oder «neurotisch» abstempeln lassen können. Entsprechende Hinweise fanden Cheryl Benard und Edith Schlaffer bei der Auswertung der Protokolle einer Eheberatungsstelle in Wien: «Über den 50jährigen Buchhalter Herrn L. ist im Protokoll vermerkt: ‹Der Mann kommt nur ihr zuliebe mit, weil sie ‹krank› ist. Er versucht, den Interviewer auf seine Seite zu bringen und gemeinsam mit ihm die Frau für ‹krank› zu deklarieren.» Über den 36jährigen medizinischen Assistenten Herrn G. schreibt die Beratungsstelle: «Er scheint ein kühler Rechner zu sein, der es darauf absieht, seine Frau so lange zu reizen, bis sie physisch zusammenbricht und auf Steinhof (Wiener Anstalt) aufgenommen werden kann, damit er die Wohnung und das Geld allein hat.»[3]

Wie oft solche Manöver undurchschaut bleiben, wird man kaum jemals in Erfahrung bringen. Die Chancen stehen gerade für Männer gut, denn ihre Frauen befinden sich ihnen gegenüber meist in einem doppelten Nachteil: Zum einen wirken die üblichen Reaktionen von Frauen auf Streß-Situationen – Depression, Angstzustände, Einnahme von Beruhigungs- und Schlafmitteln, «hysterische» Gefühlsausbrüche – auf einen Außenstehenden, der die Hintergründe und Zusammenhänge nicht kennt, neurotisch; zum anderen sind Frauen in ihrem sozialen Aktionsradius häufig auf den eigenen Haushalt beschränkt und haben deshalb wenig Möglichkeit, sich Bestätigung für ihre eigenen Erfahrungen von außerhalb zu holen. Isoliert wie sie sind, lassen sie sich von ihren Männern leicht einreden, daß ihr Verhalten gestört sei, selbst wenn dieses Verhalten nur eine Reaktion auf das der Männer darstellt.

Die Isolierung des Opfers ist eine wichtige Maßnahme, wenn es darum geht, es am eigenen Verstand zweifeln zu lassen oder sogar mit nackter Gewalt zu terrorisieren. Man hat festgestellt, daß Mißhandlung und Mißbrauch besonders häufig in sozial isolierten Familien vorkommen, und zunächst daraus geschlossen, daß soziale Isolation selbst ein Streßfaktor sei, der das Auftreten von aggressiven Handlungen begünstige. Tatsächlich ist Aggression jedoch meist nicht die Folge von sozialer Isolation, sondern umgekehrt: Die Isolation, in der sich das Opfer befindet, ist bereits eine Folge der Feindseligkeit, die der Täter gegenüber dem Opfer hegt. Wessen Ziel es ist, einem anderen seine verzerrte Sicht der Realität aufzuzwingen, der tut gut daran, andere Informationsquellen auszuschließen.

In der Regel genügt es dem Täter sicherzustellen, daß das Opfer außerhalb seiner Beziehung zum Täter keine Unterstützung sucht und findet. Dies ist gerade in privaten Beziehungen am ehesten gewährleistet, weil unsere Vorstellungen vom Privatleben ja gerade darin gipfeln, daß es gilt, es vor der Aufmerksamkeit und dem Zugriff der Öffentlichkeit zu schützen. Mit der möglichen Ausnahme einiger Feministinnen, die entdeckt haben, daß das Private politisch ist, geben die meisten Menschen deshalb Außenstehenden keinen Einblick in ihr Privatleben, und schon gar nicht dann, wenn dieses nicht vorzeigbar zu sein scheint. Der Täter kann sich der Loyalität des Opfers um so sicherer sein, als es ja meist mehr an sich selbst als am Täter zweifelt. Es steht unter dem Eindruck, versagt zu haben oder sogar verrückt zu sein, und ist dem Täter unter Umständen sogar noch dankbar, wenn er andere nicht auf die Fehler und Mängel des Opfers aufmerksam macht.

Ein «wissender Zeuge», wie Alice Miller ihn nennt, kann freilich die schlimmsten Auswirkungen von seelischem Terror verhindern. So können Kinder auch unter höchst ungünstigen Bedingungen seelisch relativ unbeschadet überleben, wenn ihnen ein Mensch zur Seite steht, der ihre Wahrnehmung hinsichtlich der Grausamkeit, Feindseligkeit oder Verrücktheit der eigenen Eltern bestätigt und ihnen das Offenkundige versichert, daß sie nämlich keinen Anteil an dem haben, was ihnen zugefügt wird. Leider finden sich solch unabhängige Zeugen gar nicht so häufig; Außenstehende neigen nämlich dazu, dem Täter mehr Glauben zu schenken als dem Opfer, weil der Täter in der Regel die ranghöhere Position einnimmt. So wiegt etwa das Wort Erwachsener ungleich schwerer als das von Kindern, deren «Glaubwürdigkeit» leicht bezweifelt wird, weil sie angeblich dazu neigen, ihre Phantasien mit der Wirklichkeit zu verwechseln. Nicht das Opfer, sondern der Täter findet Verbündete, die sich im schlimmsten Fall sogar mit ihm zusammentun, um gemeinsam gegen das Opfer vorzugehen.

In der Arbeitswelt hat man diesen Vorgang «Mobbing» genannt: Zwei Drittel aller am Arbeitsplatz schikanierten Menschen sehen sich mit einer Gruppe von Gegnern konfrontiert und erleben sich schon aufgrund der zahlenmäßigen Überlegenheit ihrer Kontrahenten als besonders hilf- und schutzlos. Innerhalb der Familie kommt es ebenfalls häufig zu einer «vereinigten Front» gegen das als Opfer ausersehene Familienmitglied. In der Regel handelt es sich dabei um ein Kind, das unter dem Druck seiner Angehörigen «dekompensiert», das heißt Symptome entwickelt oder sozial scheitert. Nun grenzen sich die übrigen Familienmitglieder von ihm ab oder versuchen sogar, es aus dem Familiensystem auszustoßen, wie Horst-Eberhard Richter beobachtet hat.

«Ein Elternpaar kanalisiert unbewältigte eheliche Spannungen so lange mit Hilfe periodischer gemeinsamer Schimpfkanonaden und Strafpraktiken an die Adresse eines Kindes, bis dieses immer depressiver wird und mehrmals für ein paar Tage davonläuft. Schließlich muß das Kind in ein Heim geschickt werden. Danach wiederholen die Eltern die gleiche Prügelknaben-Strategie an einem zweiten Kind. Auch dieses erliegt im Lauf der Zeit den zermürbenden Aggressionen der Eltern, entwickelt eine chronische Magenkrankheit und kommt in eine Klinik.»[4]

Auch in weniger drastischen Fällen lassen sich Aggressionen häufig als ein Mittel begreifen, um, neutral ausgedrückt, Distanz herzustellen. Es ist ein weitverbreiteter Irrtum anzunehmen, daß Menschen stets nur Nähe und Intimität anstreben und daß das Scheitern diesbezüglicher Bemühungen der ausschließliche Anlaß zwischenmenschlicher Schwierigkeiten ist. Ebenso ausgeprägt wie unser Anschlußbedürfnis kann auch unser Bedürfnis nach Abstand von anderen Menschen sein, und unsere Frustrationen rühren mitunter eher daher, daß wir uns nicht frei, als daß wir uns allein fühlen.

Die Toleranz der Menschen für fortgesetzten intimen Kontakt mag dabei unterschiedlich groß sein, wie sicher auch die Bereitschaft (und deren Hemmung), sich durch Aggressivität größeren Freiraum zu verschaffen, unterschiedlich groß ist. Ganz allgemein gilt, daß Frauen sowohl ein größeres Bedürfnis nach, als auch eine größere Toleranz für Intimität zugesprochen wird als Männern, während diesen zugleich ein größeres Bedürfnis nach Distanz und entsprechend das Vorrecht zur Durchsetzung dieses Bedürfnisses zugestanden wird. Der Familienvater kann ganz selbstverständlich sagen: «Ich möchte jetzt meine Ruhe haben» und die Tür hinter sich zumachen; die Mutter kann dies in der Regel nicht, denn zum einen besteht ein wesentlicher Aspekt der Mutterrolle (und der Frauenrolle) darin, stets für andere verfügbar zu sein, und zum anderen hat sie wahrscheinlich gar kein eigenes Zimmer, in das sie sich zurückziehen könnte. Da Frauen überdies der offene Ausdruck von Aggressionen versagt ist, werden sie in intimen Beziehungen dazu neigen, ihrem Distanzbedürfnis auf indirektem Wege Ausdruck zu verleihen – etwa dadurch, daß sie Kopfschmerzen vorschützen oder tatsächlich an Migräne zu leiden beginnen, aber auch dadurch, daß sie versuchen, sich andere Personen durch indirekte Aggressionen vom Leibe zu halten.

So gibt es sicher nicht wenige Frauen, deren Toleranzgrenze für Kontakt und Intimität durch ihre Familienmitglieder bisweilen deutlich überschritten wird; da es jedoch zum Bild der guten Ehefrau und Mutter gehört, Intimität nicht nur unablässig zu fördern, sondern auch uneingeschränkt zu genießen, verbietet es sich für guterzogene Frauen von selbst, Kinder, Ehemann oder auch andere Verwandte vorübergehend einmal satt zu haben. Nun beginnen sie unter Umständen, widersprüchliche Botschaften auszusenden, deren eine Seite von Konventionen bestimmt ist («Komm her, denn ich möchte dich selbstverständlich immer um mich haben») und deren andere Seite aus ihrem uneingestandenen Distanzbedürfnis herrührt («Geh weg, denn ich möchte meine Ruhe haben»). Der so Angesprochene sitzt in der Double-bind-Falle.

Die Macht der Konventionen kann also einerseits dazu benutzt werden, um andere zu schikanieren; andererseits provoziert die gleiche Macht jedoch auch Aggressionen bei jenen, die sich nicht offen dagegenzustellen wagen. Wenn wir Rollenerwartungen zu entsprechen versuchen, die unseren augenblicklichen Bedürfnissen strikt zuwiderlaufen, so bildet sich in uns ein Block aus zurückgedrängtem Widerstreben, der eine Verzerrung unserer Kommunikationsweisen bewirkt. Anstatt offen zu sagen, daß uns der Besuch eines alten Schulfreundes gerade heute wenig Freude bereiten würde (weil wir vielleicht viel lieber ein gutes Buch lesen würden), laden wir ihn ein und vermitteln ihm auf nonverbalem Wege, daß er eigentlich ein unerwünschter Gast ist. Während Frauen sich möglicherweise darauf beschränken, ihre wahren Gefühle durch Tonfall und Mimik zu verraten und dem Gast mit kleinen spitzen Bemerkungen zuzusetzen, ist Männern in der gleichen Situation ein größers Maß an «Unbeherrschtheit» erlaubt: Sie setzen etwa eine betont finstere Miene auf, fluchen leise vor sich hin oder blicken demonstrativ auf die Uhr, um den Gast zum Abschied zu bewegen.

Schwierig wird es auch für sie, wenn sie nicht in der vergleichsweise anspruchslosen Rolle des Gastgebers gefangen sind, sondern in so weitreichenden und folgenschweren Rollen wie denen eines Ehemannes oder Vaters. Sollte ein Mann damit nicht zufrieden sein – und sei es auch nur von Zeit zu Zeit –, so ist mit beträchtlichen Aggressionen von seiner Seite zu rechnen. Zunächst mag er zwar versuchen, allen Erwartungen, die man an ihn stellt, gerecht zu werden, und er mag sich sogar eine Zeitlang in der Pose des Familienoberhauptes gefallen. Aber sein Verhalten ist aufgesetzt; es befindet sich in ständigem Konflikt mit seinen verborgenen Bedürfnissen, seinem eigenen Wunsch nach Abhängigkeit etwa oder auch seinem Wunsch nach sexuellen Abenteuern. Sein Verhalten wird unbeständig: An manchen Tagen ist er ein liebevoller Ehemann und fürsorglicher Vater, an anderen Tagen läßt er Frau und Kind links liegen oder macht ihnen sogar Vorwürfe, die mehr oder weniger aus der Luft gegriffen zu sein scheinen. Was er seiner Familie in Wirklichkeit vorwerfen möchte, aber nicht zu artikulieren wagt, ist die Tatsache ihrer bloßen Existenz, die ihn in seinen Möglichkeiten beschneidet.

Die modernen Industriegesellschaften des Westens, die auf die Autonomie des einzelnen und auf seine freie Entfaltung setzen, leisten der offenen oder verdeckten aggressiven Selbstbehauptung Vorschub. In den Kulturen des Fernen Ostens erwartet man von einem Menschen, daß er seine Gefühle beherrscht und dämpft, weil die Beziehung, nicht das Individuum an erster

Stelle steht. Der westliche Individualismus dagegen steht Bindungen und allen sich aus diesen Bindungen ergebenden Verpflichtungen prinzipiell ablehnend gegenüber: Der einzelne sollte nur sich selbst verpflichtet und damit für den Arbeitsmarkt frei verfügbar sein. Diese Marktlogik verbirgt sich freilich hinter einer Ideologie der Selbstverwirklichung und des «Anything goes». Wenn aber alles möglich ist, dann sind Einschränkungen lästig. Wenn die eigenen Wünsche an erster Stelle stehen, dann sind die Bedürfnisse anderer ärgerlich. Wenn man glaubt, alles verdient zu haben, kann es wütend machen, wenn man nur einen Teil erhält.

Nicht nur Konflikte zwischen verschiedenen sozialen Erwartungen oder zwischen sozialen Erwartungen («Ehemänner fühlen sich in der Gesellschaft von Frau und Kindern wohl») und individuellen Bedürfnissen («Am liebsten wäre ich heute ein Single auf Brautschau») fördern aggressives Verhalten, sondern auch innerseelische Konflikte zwischen dem Bedürfnis nach Nähe und dem Bedürfnis nach Distanz. Dabei werden Aggressionen häufig dazu eingesetzt, um sich aus einer Beziehung zu lösen.

Bei Heranwachsenden etwa kann man gut beobachten, wie sie sich dem regressiven Sog, der von den Eltern und den von ihnen gewährten und in Aussicht gestellten Privilegien und Bequemlichkeiten ausgeht, widersetzen, indem sie diese attakkieren. In bestimmten Fällen erreichen sie damit nicht nur ihre eigene innere Ablösung von den Eltern, sondern sogar die Ablösung der Eltern von den Kindern, die so unerträglich geworden sind, daß die Eltern sie aus dem Hause weisen.

Eine ganz ähnliche Dynamik bestimmt so manche unglückliche Paarbeziehung, in der beide Partner nicht miteinander, aber auch nicht ohne einander leben können. Einen klaren Bruch mit einem langjährigen Partner zu vollziehen fällt den meisten Menschen schwer, denn schließlich haben Partner und

Partnerschaft meist auch ihre guten Seiten, und sei es nur, daß man sich in Sicherheit wähnt oder jederzeit mit einer warmen Mahlzeit rechnen kann. Andererseits winken draußen, in der Freiheit, viele verlockende Angebote, die das traute Zusammensein mit dem Partner als eine Art von Gefängnisstrafe erscheinen lassen. In einer derartigen Situation ist es in der Regel der Mann, der eine Trennung auf indirektem Wege durchsetzt, indem er seine Partnerin so lange feindselig behandelt, bis diese schließlich erkennt, daß es so nicht weitergehen kann. Auf diese Weise findet der unentschlossene Täter Unterstützung für seine Trennungsabsichten beim Opfer selbst. Die Tatsache, daß zwei Drittel aller Scheidungen von Frauen eingereicht werden, heißt also nicht unbedingt, daß sie es waren, welche die Gefolgschaft aufkündigten; in vielen Fällen sind sie zu diesem Schritt provoziert worden.

Bill Stott, Professor für Amerikanische und Britische Literatur, gesteht:

«Ich habe einmal mit einer Frau zusammengelebt, mit der ich nicht mehr zusammensein wollte. Ich war ein zu netter Junge, um ihr die Wahrheit zu sagen, also fand ich ein anderes Ventil für meine Gefühle. Ich machte mich lustig über ihren Geschmack in Sachen Musik, Filme, Bücher und über ihre verflossenen Liebhaber. Ich nannte sie (sie war ziemlich klein) einen intellektuellen Bonsai. Wenn sie ein etwas zu kräftiges Salatdressing anmachte, lästerte ich, es schmecke wie ein Fußspray für Sportler. Ich hatte miterlebt, wie mein Vater meine Mutter schlug, und ich war stolz darauf, daß ich nie eine Frau geschlagen hatte. Das hatte ich auch nicht nötig. Ich konnte eine Frau mit meiner spitzen Zunge sehr verletzen.»[5]

Es ist leicht zu erraten, daß der Versuch einer derart angegriffenen Frau, sich den Wünschen und Erwartungen ihres Partners anzupassen, keineswegs die erwünschte Wirkung hat, nämlich die, daß er nun freundlich und friedlich wird. Im Gegenteil: Besteht das Hauptmotiv feindseligen Verhaltens darin, einen anderen loszuwerden, so wird die Aggressivität des Täters durch die Fügsamkeit des Opfers sogar noch gesteigert, widersetzt sich dieses damit doch unwissentlich dem eigentlichen Ziel der Angriffe: Es soll schließlich nicht besser oder anders werden oder etwa eine mildere Salatsauce zu machen lernen, sondern sich nach Möglichkeit in Luft auflösen.

Herrschaft und Kontrolle: «Und bist du nicht willig, so brauch ich Gewalt»

Nicht immer geht es beim Einsatz offener oder verdeckter Aggression darum, das Opfer loszuwerden, sondern oft im Gegenteil darum, es im Herrschaftsbereich des Täters festzuhalten bzw. ein Herrschaftsverhältnis überhaupt erst aufzubauen. Machtstreben und der Wunsch nach Machterhaltung scheinen Schlüsselfaktoren bei diesem Verhalten zu sein. Physische und verbale Aggressionen, Gaslichttechniken, Demoralisierungsstrategien und Entwertungen fungieren als Methoden, Herrschaft zu errichten und zu verteidigen und zugleich die angestrebte Herrschaft zu leugnen.

Gerade in privaten Beziehungen, deren Machtgefälle nicht institutionell abgesichert ist, müssen potentielle Herrscher ihren Anspruch in der Regel erst durchsetzen. Es handelt sich dabei um einen Prozeß, den man in Anlehnung an Shakespeare «Der Widerspenstigen Zähmung» nennen kann oder auch – sofern es das Verhältnis zwischen Eltern und Kindern betrifft – «Erziehung». Lange Zeit galt es als ausgemacht, daß unbedingter kindlicher Gehorsam ihr vorrangiges Ziel zu sein habe, und auch heute noch empfinden wir es als ungehörig, wenn ein Kind den Forderungen seiner Eltern nicht nachkommt. Während das 20. Jahrhundert den Herrschaftsanspruch von Eltern und Erziehern jedoch zu leugnen pflegt, wurde diesem in den pädagogischen Schriften des 18. Jahrhunderts noch ganz unverblümt Ausdruck verliehen:

«Sind die Eltern so glücklich, daß sie den Kindern gleich anfangs durch ernstliches Schelten und durch die Rute den Eigensinn vertreiben, so bekommen sie gehorsame, biegsame und gute Kinder, denen sie hernach eine gute Erziehung geben können ... Diesen Gehorsam aber den Kindern einzupflanzen ist nicht sehr leicht. Es ist ganz natürlich, daß die Seele ihren Willen haben will, und wenn man nicht in den ersten zwei Jahren die Sache richtig gemacht hat, so kommt man hernach schwerlich zum Ziel. Diese ersten Jahre haben unter anderm auch den Vorteil, daß man da Gewalt und Zwang brauchen kann. Die Kinder vergessen mit den Jahren alles, was ihnen in der ersten Kindheit begegnet ist. Kann man da den Kindern den Willen benehmen, so erinnern sie sich hernach niemals mehr, daß sie einen Willen gehabt haben, und die Schärfe, die man wird brauchen müssen, hat eben auch deswegen keine schlimmen Folgen.»[6]

Die Erziehung zum Gehorsam muß deshalb so früh wie möglich begonnen werden, weil die Unterwerfung des eigenen unter einen fremden Willen zum Widerstand herausfordert. Dieser kann freilich durch nackte Gewalt gebrochen werden, was heutzutage aber nicht einmal in der Erziehung zwischen Eltern und Kindern mehr statthaft ist. Um Fügsamkeit zu erzwingen, bedarf es nun subtilerer Methoden, von denen die häufigsten wohl diejenigen sind, die Schuldgefühle («Du bringst mich noch ins Grab») oder Schamgefühle («Du machst dich nur lächerlich») vermitteln.

Nehmen wir einmal an, daß ein Kind nicht essen möchte,

was ihm vorgesetzt wird – eine ganz alltägliche Situation, die sehr viele Eltern jedoch als echte Herausforderung begreifen. Die altmodische Variante des Versuchs, dem Kind den Willen der Eltern aufzuzwingen (wobei die Eltern selbst natürlich der Ansicht sind, es gehe allein um das Wohl des Kindes und insbesondere um seine Gesundheit und sein Gedeihen), besteht darin, es buchstäblich zwangszuernähren oder empfindliche Strafen zu verhängen. Pädagogisch aufgeklärte Eltern appellieren dagegen an die moralische Gesinnung des Kindes («Stell dir vor, in China hungern sie, und du willst diesen Spinat nicht essen!»), an sein Gewissen («Nun hat sich deine Mutter solche Mühe mit dem Essen gegeben, und du bist so undankbar, es zurückzuweisen!») oder an sein Selbstwertgefühl («Nur Babys stellen sich so mit dem Essen an wie du!»). Es wird also überhaupt nicht mehr thematisiert, daß das Kind gehorsam zu sein habe; statt dessen lernt es, seine eigenen Wünsche, und seien sie auch noch so harmlos wie z. B. bestimmte Speisevorlieben, als unangebracht, böse oder lächerlich zu begreifen, während die Forderungen der Eltern, mögen sie auch noch so sinnlos oder unverständlich sein, in jedem Fall gerechtfertigt erscheinen.

Ein besonders raffiniertes Vorgehen bei der Erziehung zum Gehorsam, das ohne jeden äußeren Zwang auszukommen scheint, schildert der Psychotherapeut Claude Steiner:

«(Dieser Vater) war der Auffassung, daß man den Charakter von kleinen Mädchen am besten dadurch ‹aufbaut›, daß man ihnen alle Wünsche abschlägt und statt dessen etwas anderes gibt. Wenn sich das Mädchen einen Teddybär zu Weihnachten wünschte, schenkte er ihm ein anderes ebenso schönes Spielzeug, das es sich jedoch nicht gewünscht hatte, in der Meinung, daß ihm ein solches Verhalten ‹guttut›. Das Mädchen mußte bald einsehen, daß sich seine Wünsche nie erfüllten. Ihr Mißgeschick bestand darin, daß alle ihre Wünsche durch für sie völlig unkontrollierbare Umstände automatisch in unerreichbare Ferne rückten. Sie mußte auch lernen, daß die Chance, einen Wunsch erfüllt zu bekommen, nur dann stieg, wenn sie sich gar nicht äußerte. Und weiter: Sie entschloß sich schließlich, bei Enttäuschungen nicht mehr zu weinen, weil sie hierdurch indirekt ihre geheimen Wünsche verriet. Mit aller Konsequenz und Regelmäßigkeit schärfte ihr der Vater solchermaßen ein, nichts zu wünschen, nichts zu erbitten und nicht zu weinen, wenn sie enttäuscht war ...»[7]

Die Erziehung zur Anspruchslosigkeit ist deshalb so wichtig, weil individuelle Bedürfnisse und Wünsche, der sogenannte eigene Wille einer Person, die stärksten Widersacher der Fügsamkeit sind. Wer ein klares Ziel vor Augen hat, der widersetzt sich den Forderungen anderer mit größerer Wahrscheinlichkeit als einer, der fremden Willen zu seinem eigenen gemacht hat und schließlich gar nicht mehr weiß, was er eigentlich selbst will. Dem zur Anpassung Erzogenen ist beinahe alles recht; Menschen mit ausgeprägtem Bedürfnis nach Macht und Überlegenheit verfügen dagegen meist über äußerst detaillierte und präzise Wünsche und Ziele, was ihnen widerum größere Durchsetzungskraft verleiht. Nehmen wir an, ein Paar steht vor der trivialen Entscheidung, was es zum Abendessen gibt. Dem einen der beiden Partner ist es im Grunde egal, der andere nimmt diese Frage jedoch ungeheuer wichtig. Er besteht darauf, daß es Kartoffeln geben müsse, die auf eine ganz spezielle Art zuzubereiten sind, er verlangt den Einkauf von frischem Gemüse anstelle von Tiefkühlkost und lehnt es kategorisch ab, Fisch zu essen. Man braucht dieses Paar nun gar nicht näher zu kennen, um zu erraten, was es zum Abendessen gibt: keinen Fisch, auf eine spezielle Art zubereitete Kartoffeln, frisches Gemüse. Die Entscheidung fällt wie von selbst, weil der eine Partner dem anderen mangels eigener Wünsche nichts entgegenzusetzen hat. Wie Michel Foucault gezeigt hat, ist Macht nicht deshalb dauerhaft, weil sie unseren Willen ständig negiert, sondern weil sie ihn formt.

Moderne Eltern haben eine Abneigung dagegen, Verbote auszusprechen und klare Grenzen zu setzen, aber sie verzichten deshalb nicht auf ihre Macht. Statt sich dem emotionalen Aufruhr zu stellen, der durch die Unterdrückung des kindlichen Willens entsteht, lenken Eltern heute lieber vom Konflikt ab. Diese Strategie des Ausweichens wird z. B. auch in den Münchener Elternbriefen empfohlen, die das Stadtjugendamt allen Eltern in regelmäßigen Abständen zusendet:

> «Wenn Ihr Kleines nicht so will, wie Sie gerade wollen, dann fahren Sie bitte nicht gleich aus der Haut. Manchmal läßt sich ein Koller dadurch abfangen, daß man das Kind hochhebt, einen lustigen Tanz beginnt, es im Kreis herumwirbelt und allerlei fröhlichen Unsinn redet. Noch besser ist es natürlich, es überhaupt nicht zu Situationen kommen zu lassen, die das Kind in eine Widerstandshaltung hineinbringen. Zum Vorbeugen gehört vor allem, daß man nicht zu oft ‹nein› sagt.»[8]

Aber auch weniger sanfte Methoden kommen nach wie vor zum Einsatz, um Herrschaftsverhältnisse zu etablieren. An allererster Stelle sind hier all jene Verhaltensweisen zu nennen, die den Adressaten in Angst versetzen. Angst zu erzeugen ist ein Leitmotiv fast jeden Aggressors – sei es, daß er sein Opfer in die Flucht schlagen oder seine Fügsamkeit erzwingen will. Nach Ansicht des Psychologieprofessors Ernst Furntratt müßte die «Psychologie der Aggression» deshalb früher oder später zu einer «Psychologie der angstmachenden Verhaltensweisen» ausgebaut werden.[9]

Neben nackter Gewalt und verbalen Attacken sind hier insbesondere Drohungen zu nennen, die beim Opfer Verlustängste schüren. Ankündigungen wie die, das Opfer nicht mehr zu lieben, nicht mehr mit ihm zu sprechen, es zu verlassen oder es wegzuschicken, sind äußerst effiziente Einschüchterungsmittel, wenn das Opfer vom Täter abhängig ist. In der Regel ist sich der Angreifer dieser Tatsache sehr wohl bewußt, denn genau aufgrund dieses Wissens setzt er seine Drohungen ein. Einem mißliebigen Arbeitskollegen gegenüber sind solche Drohungen sinnlos und kommen deshalb auch so gut wie nie vor; Kindern gegenüber sind sie dagegen leider sehr häufig. Der Kinderpsychiater John Bowlby schreibt:

«Die Drohung, ein Kind zu verlassen, kann auf vielfache Weise ausgedrückt werden. Zum Beispiel kann man ihm, wenn es nicht brav ist, damit drohen, daß es in ein Erziehungsheim gesteckt oder von der Polizei abgeholt wird. Oder Vater und Mutter erklären, ebenfalls aus disziplinarischen Gründen, daß sie fortgehen und das Kind allein lassen werden. Eine dritte Möglichkeit, die die gleiche Angst ausnützt, ist der Hinweis, daß Vater oder Mutter krank werden oder sogar sterben könnten, wenn das Kind nicht folgt. Von großem Einfluß ist wahrscheinlich die vierte Möglichkeit, nämlich die impulsiv und zornig ausgestoßene Drohung verzweifelter Eltern, die Familie zu verlassen, die häufig mit der Androhung von Selbstmord verbunden ist. Schließlich ist noch die Angst zu erwähnen, die in einem Kind entsteht, wenn es hört, wie die Eltern sich streiten, und zu fürchten beginnt, daß der eine oder andere Elternteil fortgehen wird.»[10]

Drohungen dieser Art sind keineswegs selten; das Psychologenehepaar J. und E. Newson stellte bei einer Untersuchung von 700 Kindern und deren Eltern in Nottingham fest, daß 27 % aller interviewten Eltern zugaben, aus disziplinarischen Gründen mit dem Verlassen des Kindes zu drohen. Sie zitieren die Mutter eines vierjährigen Jungen:

«Ich hab gesagt, daß er mich traurig macht, wenn er ungezogen ist, und daß ich fortgehen werde, und daß er dann keine Mami mehr hat, die sich um ihn kümmert, und bei jemand anderem wohnen muß. Ich weiß, daß das alles falsch ist, aber ich sag's manchmal trotzdem. Sein Vater sagt: ‹Los, pack seine Koffer – hol den Koffer und pack seine Spielsachen rein, er kommt weg!› Und einmal hat er wirklich ein paar Sachen von ihm in den Koffer gepackt, und darüber ist das Kind fast verrückt geworden – mich hat das sehr aufgeregt, aber ich wollte mich nicht einmischen, verstehen Sie.»[11]

Solche massiv aggressiven, stark angsterzeugenden Verhaltensweisen haben neben dem erwünschten Effekt der Fügsamkeit des Opfers weitreichende schädigende Konsequenzen. Zum einen verhindern sie die Entwicklung zu Selbständigkeit und Eigenständigkeit: Ein ängstliches Kind (und auch ein ängstlicher Erwachsener) neigt nämlich dazu, sich besonders stark an seine Bezugspersonen anzuklammern – und zwar meist gerade an jene Personen, die es feindselig behandeln. Bowlby hat diese Art der Bindung «Angstbindung» genannt. Sie verhindert nicht nur wirkungsvoll die Trennung des Opfers vom Täter, auch unter Umständen, wo dies möglich wäre, sondern führt auch dazu, daß sich ein so «erzogener» Mensch im späteren Leben wieder bevorzugt an solche Personen bindet, die ihn schlecht behandeln – aktivieren diese Personen doch seine frühkindliche Trennungsangst und damit auch seine Bereitschaft zur Angstbindung.

Zum anderen vermögen angsteinflößende Erziehungs- und Unterwerfungsmethoden die intellektuellen Fähigkeiten des Opfers nachhaltig zu beeinträchtigen.

Ernst Fürntratt zufolge sind «… Individuen, die unter Zwang stehen, weniger als andere in der Lage, sich flexibel zu verhalten, differenziert wahrzunehmen, zu entscheiden und zu handeln. Im Extremfall kann das die Form der völligen Verhaltensblockierung, der Unfähigkeit, überhaupt noch irgend etwas zu tun, annehmen –

einer der wenigen Effekte, durch die ein zwingender Erzieher gegebenenfalls erfahren kann, wie sehr er durch seine Methode seine eigentlichen Ziele sabotiert.»[12]

Folge extremen Zwangs kann also ein Zustand der Inaktivität und der Niedergeschlagenheit sein, den man ohne weiteres als Depression bezeichnen kann und der dann wiederum meist dem Opfer, nicht jedoch dem Täter zum Vorwurf gemacht wird («Warum bist du nur immer so lustlos und schlapp? Warum kannst du gar nichts zu Ende bringen?»). Aber auch sehr rigides, «zwanghaftes» Verhalten bis hin zu den sogenannten Zwangsneurosen wie Putz-, Zähl- oder Waschzwängen weist darauf hin, daß der Betroffene stark angsterzeugenden Aggressionen ausgesetzt war oder ist. Genau besehen, handelt es sich bei zwanghaften Verhaltensweisen um Sonderfälle gehorchenden Verhaltens. Ihre Besonderheit besteht lediglich darin, daß hier die zu vermeidende Gefahr nur mehr oder weniger diffus geahnt wird und daß keine konkrete Person mehr als Aggressor auftritt. In der psychologischen Literatur wird deshalb von internalisierten, also verinnerlichten Zwängen gesprochen.

Eine verheiratete Frau entwickelte im Laufe ihrer Ehe folgendes merkwürdige Symptom: Sie stand mitten in der Nacht auf, um den Frühstückstisch zu decken. Erst wenn sie alle damit zusammenhängenden Aufgaben erledigt hatte, konnte sie weiterschlafen. Versuchte man, sie an ihrem nächtlichen Treiben zu hindern, dann bekam sie massive Angst. Also ließ die Familie sie nachsichtig gewähren, obwohl ab und an der Gedanke geäußert wurde, ob man Mutti nicht zu einem Psychiater schicken sollte. Dabei war der Hintergrund ihres Verhaltens ganz einfach und allen Familienmitgliedern bekannt: Wie leicht zu erraten, war der Ehemann sehr streng und autoritär, und er war auch schon ein paar Mal ausfallend geworden, als sein Frühstück nicht rechtzeitig auf dem Tisch stand, weil seine Frau verschlafen hatte. Nachts den Tisch zu decken war für sie also eine sehr effektive Methode, Strafe und vor allem auch die Angst vor einer Strafe zu vermeiden. Was ein Schlaglicht auf sogenanntes neurotisches Verhalten wirft, ist die Tatsache, daß der Ehefrau selbst der Grund für ihr Verhalten nicht klar war. Wäre sie zu einem Psychotherapeuten gegangen, so hätte sie ihm vermutlich gesagt, daß sie unter einem «inneren» Zwang stünde, den Tisch nachts zu decken, ohne das vorausgehende Verhalten ihres Ehemannes auch nur zu erwähnen. Was sie also – im psychoanalytischen Jargon gesprochen – verdrängt hatte, war nicht der Zwang, dem sie ausgesetzt war, sondern jeden Hinweis auf die Identität des Zwingers. Dies geschah vermutlich, um sich vor der Einsicht zu schützen, von jemandem abhängig zu sein, vor dem sie sich fürchtete und gegen den sich zu wehren sie nicht in der Lage war.

Während die Eltern-Kind-Beziehung sich durch ein quasi-natürliches, gesellschaftlich sanktioniertes Machtgefälle auszeichnet, das durch den Einsatz direkter und indirekter Aggressionen lediglich gegen mögliche emanzipatorische Schritte des heranwachsenden Kindes abgesichert werden muß, liegen die Verhältnisse in Ehen und anderen partnerschaftlichen Beziehungen etwas komplizierter; denn diese werden heutzutage prinzipiell als Beziehungen zwischen Gleichen gedacht. Neben dem modernen Ideal von Gleichberechtigung und Partnerschaftlichkeit existiert jedoch weiterhin die Vorstellung von der prinzipiellen Überlegenheit des Mannes – eine gesellschaftlich konstruierte Double-bind-Falle, in der die meisten Paare über kurz oder lang gefangen sind. Denn einerseits orientieren sich beide Partner an der gesellschaftlichen Erwartung, daß sie einander gleichgestellt seien; andererseits fühlt der Mann sich verpflichtet, sich den Frauen und damit auch seiner Frau als überlegen zu erweisen, wie auch umgekehrt die Frau von ihrem Mann häufig noch gewisse «Führungsqualitäten» erwartet. Beide Ansprüche zugleich einzulösen ist schier unmöglich, was man sich dann natürlich gegenseitig zum Vorwurf macht («Du liebst mich nicht!»).

Einer populären Ansicht zufolge geht die Liebe in längerwährenden, festen Paarbeziehungen an der täglichen Routine zugrunde, weicht die Leidenschaft der Gewohnheit und dem Konflikt. Tatsächlich ist die vielzitierte Unvereinbarkeit von Liebe und Ehe jedoch nicht in erster Linie psychologischer, sondern vor allem struktureller Art.

Ehen und eheähnliche Beziehungen sind Teil der gesamtgesellschaftlichen Organisation von Macht, während die Idee der Liebe das Selbstbestimmungsrecht des einzelnen – auch der einzelnen Frau – voraussetzt. Die Beziehung zwischen zwei Liebenden wird deshalb als eine Beziehung zwischen Gleichen gedacht. Die Ehe dagegen basiert größtenteils immer noch auf einer Hierarchie der Geschlechter, welche durch eine spezifische Arbeits- und Aufgabenteilung durchgesetzt wird: Sie verleiht dem Mann größere Macht. Wenn eine Liebesbeziehung zu einer Ehe führt, so wird damit zugleich eine selbstbestimmte Beziehung zwischen Gleichen in eine vorgegebene hierarchische Form gepreßt, die bald ihre eigene Dynamik entfaltet. Der Konflikt zwischen den Geschlechtern ist deshalb ebenso unausweichlich wie unauflösbar, da wir in einer Gesellschaft leben, welche beide Seiten fördert: den Erhalt der Machtstrukturen und deren Auflösung unter dem Diktat des Gleichheitsideals.

Dabei ist es der Mann, der die Ordnung aufrechtzuerhalten sich bemüht, während die Frau die Aufgabe übernimmt, die Liebe – und das heißt auch ihren Anspruch auf Selbstbestimmung und Gleichberechtigung – zu verteidigen und einzuklagen. Dies ist es ja gerade, was vor allem Frauen an der Idee der Liebe immer wieder fasziniert: die Aussicht auf eine, wenn auch ganz private Überwindung der Geschlechterhierarchie. Von dieser Hoffnung lebt jeder Lore-Roman. Vom Standpunkt des Mannes aus gesehen, bedeutet eine «feste» Beziehung zwischen Mann und Frau jedoch etwas ganz anderes. Ihm geht es darum, den Unterschied zwischen den Geschlechtern und damit auch das Machtgefälle festzuschreiben, weil an diesem Unterschied seine Identität und sein Selbstwertgefühl festgemacht sind.

Ein jung verheiratetes Paar plante einen Kurzurlaub in einer europäischen Großstadt – Rom, Paris und London standen zur Auswahl. Weil der Ehemann seine Frau sehr zugetan war, ging er auf ihren Vorschlag ein, nach London zu fahren, obwohl er selbst Paris oder Rom vorgezogen hätte. Das verlängerte Wochenende in London, auf das sich beide so sehr gefreut hatten, geriet zu einem Desaster. Schon auf der Hinfahrt wurde der Mann von einer Übellaunigkeit überfallen, die für ihn alles andere als typisch war, und als sie endlich angekommen waren, hatte er an allem etwas auszusetzen: an dem Hotel, das seine Frau ausgesucht hatte, am Essen, das er unbekömmlich fand, an der mangelhaften Planung, die dazu führte, daß die Tate Gallery just an jenem Nachmittag geschlossen war, als sie ihr einen Besuch abstatten wollten … Der eigentliche Grund seines Unbehagens bestand darin, daß er seiner Frau nachgegeben hatte. Ein richtiger Mann, so hatte er gelernt, gibt nicht klein bei, sondern setzt sich durch – und genau gegen diese Regel hatte er verstoßen. Seine Frau ahnte mehr, was in ihm vorging, als daß sie es sicher wußte; um des Friedens und ihrer Beziehung willen verzichtete sie in Zukunft jedoch darauf, eigene Wünsche bei der Urlaubsplanung geltend zu machen.

Psychologisches Bedürfnis und gesellschaftlicher Zwang kommen hier zur Deckung: Der Mann wird zum Verteidiger der patriarchalischen Ordnung, indem und weil er sich selbst verteidigt. König Blaubart, so der Literaturhistoriker Peter von Matt, verhängt deshalb über jede Frau, die sich seinen Anweisungen widersetzt, die Todesstrafe.

«Die erzählerische Erfindung enthält den unbedingten Vorbehalt dagegen, daß in der Ehe jene Gegenordnung entstehe, die die Gemeinsamkeit der Liebenden in den konsequenten Liebesgeschichten charakterisiert. Wenn die Frau vom Ehemann diese Gemeinsamkeit erzwingen will, dann muß sie sterben. (…) Insofern ist die Geschichte nichts anderes als eine drastische Allegorie vom Patriarchat und der patriarchalischen Ehe. Pointe ist die grundsätzliche Verweigerung der Gleichheit. Die Frau will, fordert, sucht das verriegelte Zimmer, das die höchste Balance zweier fühlender Wesen symbolisiert, Wesen, die in ihrer Liebe einander gleich werden, wie immer die Welt draußen beschaffen sein mag. Der Mann aber erlebt diesen Wunsch und diese Forderung als Gefahr und Aufstand, erlebt sie gemäß der Parallele zum ersten Sündenfall als luziferische Subversion.»[13]

Männer, die dazu erzogen werden, zwischenmenschliche Beziehungen prinzipiell in Begriffen von Über- und Unterordnung zu strukturieren, haben in der Regel ein besonderes Sensorium dafür entwickelt, den Machtaspekt von Beziehungen wahrzunehmen. Frauen dagegen neigen dazu, die Machtdimension zwischenmenschlicher Beziehungen gerade im privaten Bereich zu übersehen und vorwiegend in Begriffen von Zwischen- und Mitmenschlichkeit zu denken. So haben sie zwar ein besonderes Geschick darin entwickelt, die Gesten unseres täglichen Zusammenlebens – einen anderen berühren oder ihm die kalte Schulter zeigen, näher an ihn heran – oder wegrücken, etwas von sich erzählen oder schweigen, zuhören oder einen anderen unterbrechen – als verläßliche Indikatoren von Nähe, Vertrautheit, Sympathie oder aber von Distanz, Verschlossenheit und Feindschaft zu analysieren. Aber sie haben diese Gesten bislang kaum beachtet als Mittel, Über- und Unterordnung zu konstituieren und zu befestigen.

Entsprechend leicht sind Frauen durch offene oder versteckte Machtansprüche ihres Partners oder anderer wichtiger Bezugspersonen aus der Fassung zu bringen. Da sie diese nicht ohne weiteres einordnen können, reagieren sie auf Angriffe mit der Suche nach eigenen Fehlern oder auch nach etwaigen traumatischen Kindheitserlebnissen des Aggressors, die für sein «unerklärliches» Verhalten verantwortlich zu machen sind.

> «An einem Samstag dachte Bella, es wäre eine feine Sache, nachmittags an den nahegelegenen See zu gehen. Am Morgen fragte sie: ‹Sag mal, Bert, hast du für heute irgendwelche Pläne?› Bert wandte sich ihr verärgert zu und zischte: ‹Muß ich denn Pläne haben?› ‹Äh, nein›, antwortete sie. ‹Ich dachte nur, wir könnten heute nachmittag etwas unternehmen.› ‹Ich sehe nicht, warum ich irgendwelche Pläne haben sollte›, sagte er noch verärgerter. ‹Wieso bist du denn böse? Ich habe doch gar nicht gesagt, daß du Pläne haben mußt›, erwiderte Bella. ‹Ich bin nicht böse! Hör endlich auf!› fuhr er sie wütend an. ‹Du hast Pläne gesagt und jetzt versuchst du, dich rauszureden.› Bella war verwirrt, frustriert und verletzt ...»[14]

Das Opfer eines solch «unverständlichen» verbalen Angriffs verbringt oft viel Zeit damit, das Verhalten des Partners verstehen zu wollen. In der Regel weiß es nicht, daß das eigentliche Problem nicht auf der inhaltlichen, sondern auf der formalen Ebene der Interaktion zu suchen ist: Es geht nicht um die möglichen Pläne von Bella und Bert, sondern darum, daß Bert (ohne daß Bella dies weiß) die überlegene Position für sich beansprucht und deshalb bereits die vorsichtige Frage seiner Partnerin als unzulässige Forderung («Ich bestimme, was wir am Wochenende tun») auffaßt. Bert weist entschieden und erfolgreich zurück, daß Bella irgendeinen Einfluß auf seine Freizeitgestaltung nimmt, während Bella, die eigentlich nur auf der Suche nach Gemeinsamkeiten war, nun für den Rest des Wochenendes in gedrückter Stimmung darüber nachdenken wird, was sie falsch gemacht hat und ob die Ehe überhaupt noch zu retten ist.

Das Zurückweisen von tatsächlichen oder vermeintlichen Forderungen des Partners sowie das Stellen eigener Forderungen sind unter Erwachsenen häufig das Mittel der Wahl, um ein Herrschaftsverhältnis zu etablieren. Wer Überlegenheit anstrebt, wird solange mit heftigen Wutanfällen auf die Nichterfüllung seiner eigenen Forderungen sowie auf die Forderungen des anderen reagieren, bis dieser gelernt hat, daß die Forderungen des Partners zu erfüllen, eigene Forderungen und Ansprüche jedoch zurückzustellen sind.

Eine weitere übliche Praxis der Herrschaftssicherung bedient sich des Informationsmanagements: Dem Partner werden dabei wichtige, sein Leben betreffende Informationen vorenthalten, so daß er nicht in der Lage ist, selbständige Entscheidungen zu treffen. So befinden sich Frauen weitaus häufiger, als man vermuten möchte, im unklaren über die finanzielle Situation ihres Ehemannes und damit auch über ihre eigene; und manche Frauen verfügen nicht einmal ansatzweise über die Kenntnis ihrer Grundrechte, wie Mitarbeiter von Eheberatungsstellen immer wieder feststellen können. Da fragen Frauen an, ob sie das Recht hätten, alleine oder mit einer Freundin auszugehen oder die Eltern zu besuchen, die dem Ehemann zuwider sind; ob sie bei jeder Ausgabe, die sie tätigen, den Mann vorher um Erlaubnis bitten müßten oder ob sie berufstätig sein dürften. Diese Anfragen sind in ihrer Bescheidenheit ebenso bestürzend wie in dem Informationsdefizit, das sie offenbaren.

Das Vorenthalten wichtiger Informationen, so harmlos und unbeabsichtigt es erscheinen mag, ist eindeutig dazu angetan, die Position des Opfers zu schwächen – und muß folglich als eine aggressive Handlung betrachtet werden. Was eine Gegenwehr des Opfers meist verhindert, ist seine zutreffende Vermutung, daß bereits die Bitte um sachliche Information vom Überlegenen als Ungehorsam aufgefaßt werden würde – beinhaltet diese doch im Kern den Anspruch auf eine gleichberechtigte Position, auf Mitbestimmung. Um dies zu verhindern, werden vom Überlegenen oft auch scheinbar nebensächliche Informationen unterschlagen, wie beispielsweise die Terminplanung für die nächste Woche. Wer mit einem solchen, scheinbar «chaotischen» Partner zusammenlebt, der ist oft nicht einmal in der Lage, selbst Verabredungen zu treffen, weil er nie weiß, was der andere bereits geplant hat. Auch «sprunghaftes» oder «launisches» Verhalten verfolgt oft den Zweck, die Position des anderen zu schwächen, indem man ihm die Möglichkeit nimmt, sein Leben oder auch nur seinen Tagesablauf selbst in die Hand zu nehmen.

Falls Sie vorhaben, diesen Weg zu wählen, um einen anderen verrückt zu machen (und Ihre eigenen Ansprüche durchzusetzen), so halten Sie sich an Folgendes: Teilen Sie Ihre Pläne überraschend und kurzfristig mit, so daß sich der andere nicht darauf einstellen kann; unterbrechen Sie ihn bei seinen Tätigkeiten, vor allem dann, wenn diese ihn anscheinend gefangennehmen oder ihm wichtig sind, und veranlassen Sie ihn, etwas ganz anderes, Unwichtiges zu tun; nehmen Sie keine Rücksicht auf seine Termine, sondern versuchen Sie ganz bewußt, diese zu vereiteln. Konsequent durchgehalten, haben Sie nach einiger Zeit eine Person vor sich, die Sie wegen Ihrer Schusseligkeit und Passivität vehement kritisieren können. Sie können ihr auch ohne weiteres vorwerfen, daß Sie immer alle Initiative Ihnen überläßt und obendrein selbst nichts zustandebringt. Dies wird den Zustand der Depression, in dem sich die Person ohnehin befindet, noch verstärken, während Sie sich um so tüchtiger fühlen können. Die Psychotherapeutin Susan Forward schreibt:

«Nach außen hin wirkte ich selbstbewußt und ausgefüllt – eine Frau, die alles erreicht hatte. Den ganzen Tag lang, ob in meinem

Büro, im Krankenhaus oder in der Beratungsstelle, wo ich praktizierte, arbeitete ich mit Menschen, um ihnen zu helfen, ihr Selbstbewußtsein und das Gefühl von Kraft wiederzufinden. Doch zu Hause war alles ganz anders. Mein Mann war charmant, sexy und romantisch, und ich hatte mich gleich beim ersten Treffen wahnsinnig in ihn verliebt. Doch bald mußte ich entdecken, daß er eine Menge Wut in sich aufstaute und es fertigbrachte, mich klein, unterlegen und unausgeglichen zu fühlen. Er bestand darauf, alles, was ich tat, glaubte und fühlte, zu kontrollieren ... Die Susan, die abends nach Hause ging, krümmte sich wie ein Wurm bei dem Versuch, einen Wutausbruch ihres Mannes zu vermeiden. Diese Susan redete sich immer wieder ein, er sei doch ein wunderbarer und aufregender Mann, und wenn etwas nicht stimme, müsse es ihre eigene Schuld sein ... Je häufiger er mich lieblos und selbstsüchtig nannte, um so mehr versuchte ich, ihn zu besänftigen, durch Entschuldigungen, Kapitulation und bewußte Sabotage meiner Karriere ... Ich hatte unsere Ehe als fröhliche, kraftvolle Person begonnen, und jetzt, vierzehn Jahre später, war ich ängstlich und oft am Rande eines Tränenausbruchs ... In den nächsten Monaten untersuchte ich genauer, was sich in meiner eigenen Ehe abspielte, wie auch in den Beziehungen meiner Klientinnen, die sich offensichtlich in ähnlichen Situationen befanden. Was genau geschah eigentlich? Wie liefen diese Dinge ab? Zwar waren es immer die Frauen, die meine Hilfe suchten, doch meine Aufmerksamkeit richtete sich auf das Verhalten der Männer. Nach den Beschreibungen ihrer Partnerinnen waren sie oft charmant und sogar liebevoll, aber auch fähig, sich von einem Augenblick zum anderen grausam, kritisch und beleidigend zu verhalten. Dieses Verhalten wies eine große Bandbreite auf, von offensichtlicher Einschüchterung und Drohungen zu subtileren und verdeckten Angriffen in Form von ständiger Herabsetzung oder vernichtender Kritik. Die Ergebnisse waren jedoch immer die gleichen. Der Mann gewann Macht und Kontrolle, indem er die Frau zermürbte.«[15]

Es hat tatsächlich den Anschein, als ob Mann und Frau – trotz mitunter durchaus gegenteiliger Absichten – in intimen Beziehungen dazu gedrängt werden, Herrschaftsverhältnisse herzustellen. Da es dabei unweigerlich zum Einsatz von offenen und verdeckten Aggressionen kommt, erleiden die Beziehung und zumindest einer der Beteiligten dadurch meist Schaden. Häufig gehen die Folgen dieses Prozesses zu Lasten der Frauen. In ihrem Buch «The Future of Marriage» legt Jessica Bernard eine Fülle von Forschungsergebnissen vor, die allesamt belegen, daß Männer körperlich, seelisch und gesellschaftlich gewinnen, wenn sie verheiratet sind; für Frauen hingegen bedeutet eine Ehe offenbar das Risiko einer psychischen Erkrankung. Verheiratete Frauen leiden weit häufiger als verheiratete Männer oder ledige Frauen unter Antriebsschwäche, Schlaflosigkeit, Alpträumen, Kopfschmerzen, Benommenheit, Herzrhythmusstörungen und verschiedenen anderen Gesundheitsstörungen. Andererseits zeigen verheiratete Männer weniger Anzeichen für seelischen Kummer als ledige Männer oder verheiratete Frauen.[16] Ehe und Familie helfen also Männern, nicht aber Frauen, ihr seelisches Gleichgewicht zu bewahren.

Phasen der Harmonie in intimen Beziehungen verweisen nicht immer auf ein ausgewogenes Kräfteverhältnis, sondern häufiger noch auf ein von beiden Seiten akzeptiertes Machtungleichgewicht. So kommen Eltern und Kinder im allgemeinen gut miteinander zurecht, solange die Kinder klein sind und sich fügen. Eine erste Krise ist in der sogenannten Trotzphase zu überwinden, wenn das Kind «ich» denken und «nein» sagen lernt, doch noch ist es so hoffnungslos abhängig von seinen Eltern, daß schon sanfter Druck von oben genügt, um den «Trotz» des Kindes zu brechen. Erst in der Pubertät kommt es dann zu Machtkämpfen zwischen Eltern und Kindern, die Eltern sehnsüchtig daran zurückdenken lassen, wie friedlich es doch war, als die Kinder noch klein und brav waren.

Viele Ehen verlaufen nach einem ganz ähnlichen Muster wie die Beziehung zwischen Eltern und Kindern: Ist die erste Verliebtheit vorbei, so beansprucht meist der Mann die überlegene Position, die ihm seine Frau zunächst oft auch mehr oder weniger widerstandslos einräumt. Solange sie sich seinen Wünschen und Bedürfnissen fraglos unterordnet, kommt es selten zu Konflikten. Dann jedoch begehrt sie auf und beginnt seine Vormachtstellung zu unterminieren, indem sie etwa eigene Wünsche und Bedürfnisse zu formulieren und durchzusetzen versucht. Nun greift er zum «Power-Play».

Rivalität: wenn zwei das gleiche wollen

Der Begriff «Rivalität» stammt von dem lateinischen Wort «rivalis», was soviel bedeutet wie «Rechte am gleichen Fluß». Ausgangspunkt ist also eine Beziehung, in der beide Beteiligten von einer gemeinsamen Quelle der Unterstützung abhängig sind. Diese Situation fördert häufig aggressive Verhaltensweisen zutage, die zwei Ziele verfolgen können: Distanz oder Kontrolle. Um des bevorrechtigten Zugangs zu begehrten Ressourcen willen kann man den Rivalen entweder auszuschalten versuchen oder danach streben, ihn zu beherrschen.

Wenn Menschen Macht über andere ausüben, um ihnen zu schaden, dann liegt dies häufig auch an der Knappheit an Dingen, die mehrere Menschen gleichzeitig für sich in Anspruch nehmen wollen. Unvermeidlich werden dann diejenigen, die mehr Macht haben, ihre Macht gegen die Schwächeren einsetzen, um an das begehrte Gut heranzukommen. Machtmittel kann offene physische Gewalt sein: Mord und Raub von Lebensmitteln oder Land. Macht kann jedoch auch in Form psychischer Gewaltanwendung auftreten, indem der Schwächere derart unter Druck gesetzt wird, daß er auch ohne physische Gewalt auf sein Recht verzichtet.

Sprichwörtlich ist die Rivalität unter Geschwistern um die Gunst der Eltern. Dabei beanspruchen die Älteren und insbesondere die Erstgeborenen die überlegene Position meist ganz selbstverständlich für sich, und zwar schlicht und einfach aufgrund der Tatsache, daß sie zuerst da waren. Die jüngeren Geschwister werden von ihnen mehr oder weniger nachdrücklich zum Nachgeben und Zurückstehen gezwungen. In vielen Familien machen aber auch die Eltern selbst ein Kind zum Favoriten. So wurden zum Beispiel dem jungen Sigmund Freud eine Vielzahl von Privilegien gegenüber seinen fünf jüngeren Schwestern und dem zehn Jahre jüngeren Bruder eingeräumt. Seine Schwester Anna Bernays erinnert sich:

> «Als ich acht Jahre alt war, wollte meine Mutter, die sehr musikalisch war, daß ich Klavierspielen lernte. Ich fing an, regelmäßig eine Stunde täglich zu üben. Obwohl Sigmunds Zimmer am anderen Ende der Wohnung lag, störte ihn das. Er forderte meine Mutter auf, das Klavier abzuschaffen, andernfalls würde er ausziehen. Das Klavier verschwand, und mit ihm alle Möglichkeiten für seine Schwestern, eine Musikausbildung zu bekommen.»[17]

Die Psychologen B. Sutton-Smith und B. Rosenberg haben die Beziehungsstrukturen zwischen Geschwistern untersucht und festgestellt, daß die Geschwistergruppe solange im Gleichgewicht ist und nur geringen Konfliktstoff liefert, wie die Mitglieder ihre Positionen behalten, das heißt solange, wie die Älteren ihre Autorität bewahren können und die Jüngeren diese Autorität akzeptieren. In dem Moment, in dem die jüngeren Geschwister die Herrschaft der älteren nicht mehr vorbehaltlos anerkennen, kommt es zu Konflikten. Unabhängig von ihrer Rangfolge in der Familie setzen Geschwister Drohungen, Spott und Schikane ein, sie brüllen sich an, stellen die anderen bloß und prügeln sich, um ihre Position auszubauen und die anderen in Schach zu halten. Wie die schwächeren Mitglieder anderer sozialer Gruppen suchen die jüngeren Geschwister häufig den Beistand Außenstehender, hier der Eltern, sobald sie sich geschlagen fühlen. Sie beschweren sich bei ihnen, kommen weinend zu ihnen gelaufen und verlangen Hilfe. Manche provozieren die älteren Geschwister sogar zu lautstarken Auseinandersetzungen, damit die Eltern herbeieilen und die Kleinen beschützen.[18]

Ältere Geschwister verwenden dagegen in Nachahmung der Eltern sowohl subtilere als auch drastischere Methoden, um sich durchzusetzen. Die Psychoanalytikerin Edith Jacobson berichtet über einen ihrer Klienten:

«Er, der selber nicht fähig war, sich offen gegen seine Eltern aufzulehnen, hatte schon sehr früh versucht, Luisens Ärger über die Strenge der Mutter zu wecken. Er wollte seine Schwester Luise dazu verleiten, all die ‹bösen Dinge› zu tun, für die ihm der Mut fehlte. Tat seine Schwester dergleichen, lief er zur Mutter und schwärzte Luise an, das heißt, er begab sich in die Rolle des Spitzels. Sein verräterisches, doppeltes Spiel bewirkte jeweils, daß Luise schwer bestraft wurde, während er dieser Bestrafung mit Lust zuschaute und so an verschiedenen Rollen partizipierte, an der Rolle des schuldigen Empörers, der sadistisch strafenden Mutter und an der masochistischen des Opfers.»[19]

Ein anderer junger Mann, den Francine Klagsbrun in einer Studie über Geschwisterbeziehungen interviewte, gab an, daß er sich eine engere Beziehung zu seiner jüngeren Schwester wünschte und nicht verstehen konnte, daß sie sich auf Distanz zu ihm hielt. Er gab allerdings zu, ihr «harmlose Streiche» gespielt zu haben.

«Ach wissen Sie, es ist zum Beispiel Samstagabend, die Eltern sind ausgegangen, ein Babysitter ist da, und dann geht man in den

Keller und stellt fest, seine Schwester ist da drin, und dann schließt man die Kellertür zu und macht das Licht aus, wenn man die Treppe wieder hochgeht, so daß sie im Dunkeln eingeschlossen ist – so Sachen halt, die alle Brüder mal machen ...»[20]

Die Rivalität unter Geschwistern wird meist als unabänderliches Naturphänomen hingenommen, das sich geschickte Eltern sogar zunutze machen können, um für Disziplin zu sorgen. Solange die Kinder miteinander im Wettstreit um die Gunst der Eltern liegen, bleibt deren überlegene Position unangefochten. Das Verhältnis ist hier das gleiche wie zwischen Kollegen, die sich gegenseitig beim Chef auszustechen versuchen: Zwei oder mehreren annähernd gleichgestellten Menschen steht ein Überlegener gegenüber, der über die begehrten Ressourcen verfügt und diese möglicherweise sogar künstlich knapp hält, um sich zu behaupten. In der modernen Familie, die zur Disziplinierung des Nachwuchses ganz wesentlich auf die Techniken des Liebesentzugs setzt, lernen wohl die allermeisten Kinder die Lektion, daß Liebe, Zuwendung und sogar Aufmerksamkeit knappe Güter sind, für die man sich anstrengen und um die man kämpfen muß. Es ist dies eine Erfahrung, die das soziale Klima in den westlichen modernen Gesellschaften nachhaltig prägt: Ihre Mitglieder präsentieren sich den Beobachtern aus anderen Kulturkreisen als ein Riesenheer von rivalisierenden, neidischen Geschwistern.

Andere Formeln als die des Rivalisierens unter Gleichen sind weniger augenfällig und werden daher leicht übersehen. So hat uns erst Sigmund Freud darauf aufmerksam gemacht, daß bereits kleine Kinder mit einem Elternteil (meist dem gleichgeschlechtlichen) um die Zuneigung des anderen Elternteils (meist des gegengeschlechtlichen) rivalisieren können. Wegen des eklatanten Machtungleichgewichts zwischen den beiden Rivalen ist der Ausgang dieses Konkurrenzkampfes jedoch absehbar: Das Kind muß seine Ansprüche aufgeben. Das kleine Mädchen mag zwar Papas Liebling sein, aber am Abend geht er dann doch mit der Mutter aus, mit der er auch sein Schlafzimmer teilt; und der kleine Junge, der gern Vaters Platz einnehmen möchte, muß bald einsehen, daß ihm dies nicht gestattet ist.

Aber auch die entgegengesetzte Konstellation kommt weit häufiger vor, als wir im allgemeinen annehmen: daß ein Elternteil mit einem Kind rivalisiert. Dies ist insbesondere dann zu beobachten, wenn Eltern auf ihr Kind die affektiven Einstellungen übertragen, die sich ursprünglich auf eine Geschwisterfigur beziehen; hier ist das Leitmotiv meist ein unerledigtes Rivalitätsproblem. Da ist zum Beispiel der Vater, der mit seinem Sohn nicht die Liebe seiner Frau teilen will, ebensowenig, wie er früher die Liebe seiner Mutter mit seinen Geschwistern teilen wollte. Oder die Mutter, die in ihrem kleinen Sohn den eigenen Bruder «wiederentdeckt», der ihr von den Eltern immer vorgezogen worden war und deshalb ihren Neid erregt hatte. Es gibt auch Mütter oder Väter, die als Kinder von ihren Geschwistern in den Schatten gestellt worden sind und nun erwarten, von ihren Kindern auf die gleiche Weise frustriert zu werden. In allen diesen Fällen werden die betroffenen Kinder zum Opfer der Aggression ihrer Eltern, sobald sich auch nur der kleinste Hinweis darauf ergibt, daß deren Befürchtungen sich bestätigen. Horst-Eberhard Richter schreibt dazu:

«Mitunter reicht die Verblendung unter dem Einfluß der ‹Übertragung› so weit, daß die Rache an dem vermeintlichen Geschwister-Abbild schon von vornherein ausgeübt wird, ohne daß das Kind auch nur den Schimmer eines Anhalts dafür liefert, auf den sich die elterlichen Konkurrenzbefürchtungen als Begründung stützen könnten. Mit den Revanche-Tendenzen koppeln sich dann Vermeidungswünsche: Wenn in dem Kind all das von vornherein erstickt wird, was die frühere Kränkung durch den Geschwister-Rivalen hervorrief, so ist das sowohl nachträgliche Rache-Erfüllung als schützende Prophylaxe. Das Kind wird dann gewissermaßen in einer Art Sicherungsverwahrung gehalten.»[21]

Ähnliche Prozesse wie die hier geschilderten zwischen Eltern und Kindern können sich durchaus auch zwischen Erwachsenen abspielen. So läßt sich etwa das Verhältnis zwischen Mann und Frau in vielen Gesellschaften und über viele Jahrhunderte hinweg als eines beschreiben, in dem die Frau zum Gegenstand der Zuschreibungen und Projektionen des Mannes wird, als Hexe, Heilige oder Hure, als Femme fatale, Lolita oder «Mutter» – um sie damit zugleich als ernstzunehmende Rivalin auszuschalten. Denn konkurrenzfähig ist nur, wem es möglich ist, sein eigenes Potential voll auszuschöpfen. Wer dagegen auf eine eng umschriebene Rolle festgelegt ist, und sei es auch auf eine möglicherweise schmeichelhafte, der unterliegt so vielfältigen Einschränkungen, daß er einen Konkurrenzkampf oft gar nicht erst anzutreten braucht.

Man denke nur an die Vorstellungen, die wir im Hinblick auf eine «gute Mutter» entwickelt haben: Sie soll stets für ihr Kind da sein, auf all seine Bedürfnisse einfühlsam eingehen, es in jeder nur erdenklichen Hinsicht fördern. Da liegt es doch auf der Hand (zumal in Zeiten hoher Arbeitslosigkeit), daß eine Mutter nicht zugleich «gute» Mutter und berufstätig sein kann. Es ist jedoch ohne weiteres möglich, ein «guter» Vater und zugleich kaum jemals für die Kinder verfügbar zu sein. Die Vaterrolle engt den Verhaltensspielraum des Mannes auch nicht annähernd so stark ein wie die Mutterrolle den der Frau. Was gleichsam ein Naturgesetz zu sein scheint – die Alleinzuständigkeit der Mutter für das Kind und die Unbestimmtheit der Vater-Rolle –, dokumentiert das Machtungleichgewicht zwischen den Geschlechtern. Denn dieses schließt auch eine unterschiedliche Aufteilung der Definitionsmacht ein. Dabei geht es darum, wer seine Auffassung von der Welt durchzusetzen vermag, wessen subjektive – und das heißt von den eigenen Interessen mitbestimmte – Sicht der Dinge den Status einer «objektiven» Tatsache erhält. In patriarchalischen Gesellschaften ist es dem Mann vorbehalten, die Frau in ihrem Wesen zu bestimmen und damit zugleich ihre Aufgaben festzulegen sowie ihren Verhaltensspielraum einzuschränken, während der Mann sich immer schon dagegen zu verwahren wußte, Gegenstand weiblicher Festlegungen zu werden.

Und ebenso wie Eltern ihre Kinder halten auch Männer ihre Frauen häufig in «Sicherungsverwahrung». So hat etwa Max Beckmann seine Frau am Anfang ihrer Beziehung ganz klar vor die Alternative gestellt: entweder eine eigene Karriere als Geigerin zu machen, oder aber ihn bei seiner Karriere als Maler zu unterstützen. Mathilde Beckmann erinnert sich an sein Ultimatum:

> «‹Ja also, Kind, ich will dir nicht im Wege stehen. Wenn du Karriere machen willst mit der Geige, dann laß ich dich frei. Aber wir können dann nicht zusammen leben. Entweder du wirst Geigerin, oder du bleibst bei mir. Beides geht nicht. Ich brauche dich ganz oder gar nicht.› – Ich habe dann nicht mehr öffentlich gespielt.»[22]

Es ist bei uns tatsächlich noch nicht einmal 100 Jahre her, daß Männer der Neigung, Frauen als Konkurrenten auszuschalten, ganz offen und mit staatlicher Unterstützung nachgehen konnten: Frauen hatten noch im 19. Jahrhundert kein Recht auf Besitz, und der Zugang zu den Bildungschancen der Männer war ihnen bis in unser Jahrhundert hinein verwehrt. Erst 1977 wurde durch die Reform des Bürgerlichen Gesetzbuches festgeschrieben, daß eine Frau auch gegen den Willen ihres Ehemannes berufstätig sein darf. Bis dahin konnte dieser ihren Arbeitsvertrag einfach kündigen. Auch in den modernen Industriegesellschaften existieren immer noch quasi institutionalisierte Absicherungen gegen die Frau als Konkurrentin, etwa in

Form geringerer Chancen auf dem Arbeitsmarkt oder in Form der Verpflichtung auf Weiblichkeit und Mütterlichkeit – beides Zuschreibungen, welche die Leistungs- und Konkurrenzfähigkeit der Frau erheblich einschränken. Darüber hinaus verwenden Männer das ganze Arsenal direkter und indirekter Aggressionen, um Frauen «auszuschalten». Aus den Unterlagen einer Eheberatungsstelle:

> «Die Frau ist völlig verunsichert, weil der Mann immer nörgelt. Sie führt das Modegeschäft ihres Vaters, das er ihr übergeben will, und hängt sehr an der Arbeit. Der Mann verlangt, daß sie ihren Beruf aufgibt. Die Frau will das auf keinen Fall tun, sie hat das Gefühl, daß ihre Selbständigkeit daran hängt, und braucht die menschlichen Kontakte, die ihr ihre Arbeit gibt. Der Mann meint, er brauche mehr Zuwendung ... Er bringt ständig seine Enttäuschung über ihr selbstsüchtiges Verhalten zum Ausdruck; wie ist es möglich, daß sie ihre Arbeit und ihre Selbständigkeit seinem Glück vorzieht? Schließlich erklärt sich die Frau bereit, auf das Geschäft zu verzichten und es auf ihren Bruder überschreiben zu lassen. Daraufhin erlaubt ihr der Mann generös, weiterhin, allerdings halbtags, – dort zu arbeiten.»[23]

Eine besondere Variante des Rivalisierens zwischen den Geschlechtern besteht darin, die besonderen Talente, Fähigkeiten und Möglichkeiten einer Frau nicht etwa einzuschränken, sondern sich ihrer vielmehr zu bedienen, um die eigene Produktivität zu fördern. Als ein Beispiel für eine solch vampiristische Ausbeutung schildert Inge Stephan in ihrem Buch «Das Schicksal der begabten Frau im Schatten berühmter Männer» das berühmte Schriftsteller-Ehepaar Zelda und Scott Fitzgerald. Scott sah in Zelda seine Muse, die ihm die notwendigen Impulse zum Schreiben vermitteln sollte. Das heißt, er erwartete von ihr Intelligenz, Stilgefühl und Kreativität, aber all diese Fähigkeiten sollte sie nicht für sich selbst nutzen, sondern ihm zur Verfügung stellen. Konkret sah die «Inspiration» Scotts durch Zelda so aus, daß er einfach ganze Passagen aus ihren Texten in seine Romane übernahm, ohne sich um Urheberrechte zu kümmern, und daß sogar Romane und Kurzgeschichten von Zelda unter seinem Namen veröffentlicht wurden. In einer ironischen Rezension, die sie über Scotts Roman «The Beautiful and Damned» verfaßte, schreibt Zelda:

> «Auf einer Seite glaube ich übrigens eine Passage aus meinem alten Tagebuch zu erkennen, das mir kurz nach meiner Heirat unerklärlicherweise abhanden kam, und auch gewisse Briefstellen kommen mir, obwohl sie stark verändert sind, vertraut vor. Mr. Fitzgerald scheint der Ansicht zu sein, daß man mit dem Plagiieren am besten zu Hause beginnt.»[24]

Auf Dauer hat Zelda sich jedoch nicht mit ihrer Rolle als Muse eines genialen Schriftstellers zufriedengegeben. Bereits 1922, vier Jahre nach ihrer Heirat, war sie mit eigenen Schreibprojekten beschäftigt, die Scott jedoch zu kontrollieren versuchte. 1930 wird Zelda nach einem Selbstmordversuch in eine psychiatrische Klinik eingeliefert. Dies ist der Anfang einer 18jährigen Odyssee durch die verschiedensten psychiatrischen Kliniken in Europa und Amerika. Scott verstand auch daraus etwas zu machen: Zeldas Briefe aus der Psychiatrie wurden von ihm fast wörtlich in seinen späteren Roman «Zärtlich ist die Nacht» übernommen. 1932 erschien Zeldas Roman «Schenk mir den Walzer» unter ihrem eigenen Namen. Scott war außer sich. Er fühlte sich hintergangen, weil Zelda ihm den Roman nicht vorher zur Begutachtung vorgelegt hatte. Er verlangte von Zelda in Gegenwart der Ärzte, daß sie mit dem Schreiben aufhören solle, und drohte damit, daß er andernfalls alle ihre Manuskripte vernichten würde. Zugestehen wollte er ihr allenfalls das Verfassen von Theaterstücken, aber auch nur, wenn sie sich an bestimmte Abmachungen halten würde.

«Wenn du ein Theaterstück schreibst, darf es nicht von der Psychiatrie handeln, nicht an der Riviera spielen, auch nicht in der Schweiz, und es muß auf jeden Fall zuerst mir vorgelegt werden.»[25]

Scott starb 1940 an einem Herzanfall, Zelda kam 1948 bei einem Brand in der Psychiatrie ums Leben.

Neben dem «Vampirismus», der ungenierten Ausbeutung der Fähigkeiten und Talente anderer, gibt es noch eine andere Form der «feindlichen Übernahme» begehrter Ressourcen, die sich der scheinbaren Aufwertung des Rivalen bedient, nämlich die Identifizierung. Mit Identifizierung ist die Übernahme bestimmter Eigenschaften und Verhaltensmuster eines bewunderten und deshalb auch beneideten Mitmenschen gemeint, in deren Verlauf man sich vollständig oder teilweise nach dem Vorbild des anderen verwandelt. Bewunderung, Liebe und Zuneigung können dabei eine Rolle spielen, aber auch Neid und Aggression. «Die Identifizierung», schreibt Freud, «ist von Anfang an ambivalent, sie kann sich ebenso zum Ausdruck der Zärtlichkeit wie zum Wunsch der Beseitigung wenden.»[26] Im allgemeinen wird jedoch nur die positive Seite der Identifikation betont. Man denkt etwa an den Sohn, der in die Fußstapfen des Vaters tritt, die Tochter, die der Mutter nacheifert – und wertet dies als gelungenen Ausgang der kindlichen Entwicklung, denn schließlich soll der Sohn ein Mann wie der Vater, die Tochter eine Frau wie die Mutter werden. Tatsächlich ergeben sich aus der Identifikation eines Kindes mit dem (meist gleichgeschlechtlichen) Elternteil eine Vielzahl von Konflikten, die oft erst in der Pubertät des Kindes virulent werden: Wenn den Eltern nun eine jüngere, schönere, leistungsstärkere Ausgabe ihrer selbst entgegentritt, dann sind diese bisweilen alles andere als begeistert. Sie fühlen sich im Gegenteil häufig entwertet, denn ihr Gefühl, eine einzigartige, unverwechselbare Persönlichkeit mit spezifischen Vorzügen zu sein, steht nun auf dem Spiel. Der

Sohn, der den Vater, der junge Angestellte, der den Chef nachahmt, die Tochter, die sich die Kleider ihrer Mutter ausborgt – sie alle machen damit nicht nur deutlich, daß sie den anderen bewundern, sondern auch, daß sie seine Stelle einnehmen möchten. Die latente Botschaft, die das Selbstwertgefühl des Opfers unterminiert, lautet: Was du kannst, kann ich auch – und schlimmer noch: Was du bist, kann ich auch sein.

Wie schwärmerische Anbetung in aggressive Aneignung übergehen kann, ist das Thema des berühmten Films «Alles über Eva» («All about Eve») aus dem Jahr 1950. Bette Davis spielt hier die alternde Theaterdiva Margo Channing, die von der theaterbesessenen jungen Eva als Idol verehrt wird. Mit erlogenen Rührgeschichten und serviler Dienstbarkeit schleicht sich Eva in das Leben von Margo ein, die zunächst überaus geschmeichelt ist. Erst allmählich erkennt sie, daß sie sich in Eva keine treuergebene Anhängerin, sondern eine ernstzunehmende Rivalin herangezogen hat. Eva versucht sich nämlich alles anzueignen, was Margos Leben ausmacht: ihren Ruhm, ihre Rollen, die Zuneigung ihrer Freunde und die Liebe des Partners. Durch ein intrigantes Spiel erkämpft sie sich zunächst die Zweitbesetzung von Margos Rolle, becirct dann den Bühnenautor Lloyd, die nächste Rolle ganz allein für sie zu schreiben, nachdem der Versuch, Margos Regisseur zu verführen, gescheitert ist. Am Schluß erhält Eva den höchsten New Yorker Theaterpreis – und wird zu Hause von einer jungen, erfolgversessenen Anbeterin heimgesucht …

Im Extremfall führt die Identifizierung mit einer bewunderten Person zu ihrer vollständigen Negation; die verdeckte Aggression geht in offene Aggression über und entlarvt sich damit selbst. John Lennon, Mitglied der legendären Pop-Gruppe «The Beatles», wurde von einem Mann umgebracht, der sich so weit mit seinem Idol identifiziert hatte, daß er sich schließlich für Lennon selbst hielt. Zwei John Lennons konnte es aber nicht geben – folglich mußte ein John Lennon sterben.

Ziel der Aggressionen:
sich selbst seelisch entlasten

Spannungsabfuhr: einfach mal
die Wut rauslassen

Wir haben bis jetzt festgestellt, daß offene und verdeckte
Aggressionen aus zwei diametral entgegengesetzten Gründen
eingesetzt werden: Einerseits können sie dazu dienen, andere
fernzuhalten bzw. auszuschalten oder aus dem Wege zu räu-
men; andererseits sind Aggressionen auch ein Mittel, um andere besonders eng zu binden, indem man sie zu beherrschen
und zu kontrollieren versucht. Ganz allgemein und wertneutral
gesprochen, lassen sich Aggressionen als Verhaltensweisen verstehen, die soziale Beziehungen regulieren helfen sollen. Sowohl
zu große Nähe oder Abhängigkeit als auch zu große Distanz
oder Unabhängigkeit vermögen Feindseligkeit auszulösen, die
allerdings meist nur dann in Taten umgesetzt wird, wenn der
Betroffene sich in der überlegenen Position weiß und deshalb
keine Sanktionen befürchten muß.

Daneben ist jedoch noch eine zweite Gruppe von Motiven
für menschliche Angriffslust auszumachen, die weniger um die
Beziehung zwischen Täter und Opfer, als vielmehr um die Person des Täters selbst kreisen: In diesen Fällen geht es um die
Stabilisierung des seelischen Gleichgewichts des Täters auf Kosten des Opfers. Wenn jemand einer anderen Person gegenüber

aggressiv wird, dann kann es dabei zunächst einmal einfach um den Abbau von seelischen Spannungen gehen. Meist möchte sich der Aggressor gar keine Rechenschaft darüber ablegen, warum er gerade frustriert oder verärgert ist; es würde ihn womöglich noch mehr irritieren, wenn er sich etwa eingestehen müßte, daß er in irgendeiner Hinsicht versagt hat oder seinerseits zur Zielscheibe von Aggressionen geworden ist, gegen die er sich nicht wehren konnte. Statt sich mit einem überlegenen anderen oder auch mit sich selbst auseinanderzusetzen, sucht er ein Ventil für seine negativen Gefühle.

Wer nicht unmittelbar selbst davon betroffen ist, mag einem solchen Versuch, das eigene seelische Gleichgewicht auf Kosten anderer zu regulieren, tolerant gegenüberstehen. Innerhalb gewisser Grenzen und bestimmter Settings gilt es als akzeptabel, seine Wut «rauszulassen», wenn nicht sogar als wünschenswert im Sinne einer leib-seelischen Hygiene. In der westlichen Welt ist die Vorstellung modern geworden, daß unterdrückte Wut zu Krebs, Geschwüren und Depressionen führt. Man sagt: Ein richtiger Wutausbruch ist wie ein reinigendes Gewitter, danach fühlt man sich wie befreit. Tatsächlich hat ein Wutausbruch nur dann eine befreiende Wirkung, wenn man keine negativen Konsequenzen zu fürchten braucht, d. h. wenn man sich dem gegenüber, an dem man seine Wut ausläßt, in der überlegenen Position befindet.

Ist diese Voraussetzung gegeben, so machen Menschen durchaus von der Möglichkeit Gebrauch, ihre Selbstbeherrschung zu verlieren. Dabei muß man davon ausgehen, daß dies vorwiegend im Kreis der Familie geschieht, denn hier müssen zumindest die Erwachsenen keinerlei Sanktionen fürchten. Im trauten Heim können Eltern hemmungslos ihren Frust rauslassen und ihre Aggressionen ausleben, während sie wahrscheinlich gleichzeitig bei ihren Kindern jede Form der Aggressionsäußerung zu unterbinden trachten. Mütter und Väter rasten nicht etwa nur deshalb aus, weil sie überfordert oder übermüdet sind, also die Selbstkontrolle verlieren, sondern vor allem auch deshalb, weil die externe Kontrolle wegfällt.

Wenn der Täter seinen Ärger an einem geeigneten Opfer ausgelassen hat, so löst sich damit die unterschwellige Spannung, unter der er stand. Das Ergebnis ist, daß der Täter sich nun gut fühlt und bei nächster sich bietender Gelegenheit wieder auf diese Methode der Spannungsabfuhr zurückgreifen wird.

Die Entlastung des einen führt somit zur Belastung des anderen. Wer Aggressionen «rausläßt», der fühlt sich danach in der Tat oft besser; wer jedoch zur Zielscheibe solcher Aggressionen geworden ist, wird sich mit Sicherheit danach schlechter fühlen. Für den Aggressor ergibt sich ein doppelter seelischer Nutzeffekt: Er fühlt sich nicht nur gut; hinzu kommt die Freude zu sehen, daß der andere sich nun möglicherweise so schlecht fühlt, wie er selbst sich vorher gefühlt hat.

Die Induktion negativer Emotionen bei einem anderen muß sich dabei nicht unbedingt lärmender Attacken bedienen; manche Menschen verstehen sich auf äußerst subtile Methoden der Spannungsabfuhr, welche gleichwohl ihr Gegenüber äußerst stark in seinem seelischen Wohlbefinden beeinträchtigen können. Reizbarkeit, die sogenannte schlechte Laune, sie können den gleichen Zweck erfüllen wie ein offener aggressiver Ausbruch, eigene innere Spannungen abzubauen, während sie zugleich beim anderen aufgebaut werden. «Ansteckungsgefahr» besteht dabei besonders für Menschen, die sensibel auf die Befindlichkeiten anderer reagieren, Menschen in untergeordneten, abhängigen Positionen, die sich eben deshalb eher an anderen orientieren. Sie übernehmen deren Stimmungen häufig über einen Mechanismus, der sich als soziale Mimikry beschreiben läßt: Indem sie unwillkürlich das Ausdrucksverhalten und die Körpersprache der anderen, dominierenden Person nachahmen und ihre eigene Gestik und Mimik entsprechend synchronisieren, entsteht in ihnen dasselbe Gefühl, das den Nachgeahmten umtreibt.

Den Nachweis, daß Gefühle und insbesondere seelische Spannungen nicht nur ansteckend sein, sondern tatsächlich von einer Person auf die andere verschoben werden können, hat der Familientherapeut Salvador Minuchin in einer aufsehenerregenden Untersuchung an zuckerkranken Kindern erbracht.[1] Diese Kinder ließen sich im Krankenhaus durch adäquate Insulingaben gut behandeln, während es nicht gelang, ihre Diabetes zu Hause unter Kontrolle zu halten. Immer wieder mußten sie wegen lebensbedrohlicher Azidose ins Krankenhaus eingeliefert werden. Das Forscherteam um Minuchin kam deshalb auf die Idee, daß es im Elternhaus der betroffenen Kinder Belastungen geben könnte, die sich schädlich auf die Kinder auswirkten.

Um diese Hypothese zu testen, bedienten sich die Forscher eines biologischen «Schlüssels», nämlich der freien Fettsäuren im Blut (FFS). Die Konzentration der FFS ist ein hervorragender Indikator für emotionale Erregung – aber sie steigt auch an, bevor ein diabeteskrankes Kind einen Anfall von Azidose erleidet. Emotionale Erregung kann also zur Erhöhung der freien Fettsäuren im Blut führen, die ihrerseits (bei einem diabeteskranken Kind) eine Azidose auslösen kann. Zur Untersuchung und Kontrolle der FFS wurden Kinder und Eltern ins Krankenhaus gebeten. Zunächst befaßte sich Minuchin mit den Eltern allein, die er dazu veranlaßte, über familiäre Konflikte zu sprechen; später wurde das zuckerkranke Kind dazugerufen. Dabei zeigte sich überraschenderweise, daß es bei demjenigen Elternteil, dessen FFS-Wert eine hohe emotionale Erregung angezeigt hatte, zu einem signifikanten Rückgang dieses Wertes kam, sobald das Kind hereingebracht worden war; der FFS-Spiegel dieses Kindes stieg dagegen steil an und fiel auch später nicht mehr auf den Grundwert zurück. Ganz offenbar hatte also ein Elternteil seine emotionale Erregung beim Kind «abgeladen», unwissentlich freilich, aber mit nachhaltiger Wirkung.

Der nachgewiesene Effekt beruht aller Wahrscheinlichkeit nach auf einem komplizierten Zusammenspiel von sozialen, emotionalen und körperlichen Lernprozessen. Diese hatten in Minuchins Studie dazu geführt, daß sich der emotional erregte Elternteil beim bloßen Anblick seines Kindes beruhigte, während das Kind selbst in helle Aufregung geriet. So könnte es etwa der betreffende Elternteil gewohnt gewesen sein, Konflikten mit dem Partner erfolgreich auszuweichen, indem er sich statt dessen mit dem Kind «auseinandersetzte», das ein weitaus weniger gefährlicher Gegner als der Partner ist. Das Kind wiederum hat unter diesen Umständen gelernt, daß es letztlich selbst angegriffen wird, wenn seine Eltern sich in die Haare geraten. Es reagiert dementsprechend mit großer emotionaler Erregung auf Auseinandersetzungen unter den Eltern.

In vielen Familien besteht ein intuitives Wissen darum, daß die «Stimmung» in der Familie von der Laune eines bestimmten Familienmitglieds abhängt. Dieses ist so dominant, daß es ihm jederzeit gelingt, auf die Gefühlslage der anderen Einfluß zu nehmen. Handelt es sich dabei um eine ausgesprochene Frohnatur, so wirkt dieser Einfluß natürlich äußerst günstig, und die übrigen Familienmitglieder fühlen sich in seiner Gegenwart wohl. Neigt das tonangebende Familienmitglied jedoch eher dazu, seelische Spannungen wie Ärger und Frustration weiterzureichen, dann genügt oft schon seine bloße Anwesenheit, um die Angehörigen unter Druck zu setzen. («Gleich wird Papa ausrasten!» Oder: «Hilfe! Mama kriegt die Krise!»)

Regulierung des Selbstwertgefühls: je kleiner die anderen, desto größer man selbst

Neben dem unmittelbaren Abbau von seelischen Spannungen können Aggressionen auch dazu eingesetzt werden, um das Selbstwertgefühl zu regulieren. Hierher gehören auf der einfachsten und vergleichsweise harmlosesten Ebene Versuche, andere «niederzumachen», um daneben um so größer zu erscheinen. Fanita English[2] hat hierfür den passenden Begriff «heiße Kartoffel» geprägt: Angriffe auf das eigene Selbstwertgefühl werden abgewehrt, indem das Gefühl der Wertlosigkeit wie eine heiße Kartoffel weitergereicht wird; fühlt sich der andere dann als wertlos, so empfindet dies der erste in diesem Spiel als Erleichterung. Darüber hinaus fühlt man sich ohnehin stärker, lebensfroher und mächtiger, wenn man andere kontrollieren und beeinflussen kann.

Nehmen wir an, Sie fühlen sich beschämt. Scham ist ein deutliches Anzeichen für ein verletztes Selbstwertgefühl. Sie können sich nun in eine stille Ecke zurückziehen und versuchen, selbst damit fertig zu werden. Sie können sich aber auch an eine Person Ihres Vertrauens wenden, die Sie gut genug kennen oder lange genug beobachtet haben, um sie zu beschämen. Wohlmeinend klingende Sätze wie «Du hast in letzter Zeit wohl zugenommen?» oder: «Dein Freund X hat sich ja schon lange nicht mehr gemeldet. Er hat wohl kein Interesse mehr an dir» werden auch bei einem bis dahin gutgelaunten und selbstsicheren Opfer Gefühle der Beunruhigung und der Scham auslösen, und Sie werden sich nun ein ganzes Stück besser fühlen.

Auch Attacken, die im wesentlichen aus Neidgefühlen gespeist werden, gehörten hierher: Wenn Sie eine Person um bestimmte Eigenschaften, Fähigkeiten oder Besitztümer beneiden, die Ihnen fehlen, dann leidet darunter Ihr Selbstwertgefühl. Vielen Menschen hilft es dann, wenn sie die beneidete Person heruntermachen. Die Entwertung erfolgt dabei meist auf eine eher beiläufige Weise, denn offen ausgedrückter Neid kann durchaus als Kompliment aufgefaßt werden und somit zu einer Steigerung des Selbstwertgefühls der beneideten Person beitragen – ein Effekt, den der Aggressor gerade nicht zu erzielen wünscht.

Eine junge Journalistin war nach der Geburt ihrer zwei Kinder ein paar Jahre lang zu Hause geblieben. Als das jüngste Kind in den Kindergarten kam, hatte sie wieder begonnen, freiberuflich zu arbeiten. Als ein größerer Artikel von ihr in einer Zeitung erschien, bemerkte ihre Freundin, wie wichtig es ihr selbst sei, sich voll und ganz ihren Kindern zu widmen, und welch verderblichen Einfluß es doch habe, wenn Mütter kleiner Kinder berufstätig seien … Mit diesem kurzen Statement hat die Freundin das Selbstwertgefühl der Journalistin gleich zweifach unterminiert: einmal, indem sie deren tatsächliche Leistung, nämlich den Zeitschriftenartikel, keiner Erwähnung für wert befunden hat, und zum anderen, indem sie deren Kompetenz als Mutter in Frage stellte. Ihr Manöver macht deutlich, von wem man mehr halten sollte: nämlich von der aufopferungsvollen Mutter und nicht von der erfolgreichen Journalistin.

Kränkungen aller Art, ob beabsichtigt oder unbeabsichtigt, werden häufig mit Aggressionen beantwortet. Dabei sind es interessanterwesie nicht etwa sehr selbstunsichere Personen, die auf eine Verletzung ihres Selbstwertgefühls mit Aggressionen reagieren, sondern im Gegenteil Menschen mit einem so ausgeprägten Selbstbewußtsein, daß dies schon an Selbstüberschätzung grenzt. Wegen ihrer hohen Meinung von sich selbst werten sie schon geringfügige Kränkungen als Majestätsbeleidigungen, die es folglich mit unerbittlicher Härte zu ahnden gilt. So haben die Psychologen Roy F. Baumeister, Laura Smart und Joseph M. Boden belegt, daß Menschen mit niedrigem Selbstwertgefühl – wie zum Beispiel depressiv Kranke – selten als aggressiv oder gewalttätig auffallen. Und auch Frauen, die im Vergleich zu Männern im allgemeinen ein niedriges Selbstwertgefühl besitzen, sind sehr viel weniger aggressiv als das männliche Geschlecht. Umgekehrt aber zeichnen sich Gewalttäter durch ein überdurchschnittlich positives Selbstbild aus. Nach den Untersuchungen von Baumeister, Smart und Boden ist Mördern, Vergewaltigern und Männern, die Gewalt gegen Frauen ausüben, ein Gefühl der Überlegenheit gemeinsam, ein enormes Geltungsbedürfnis und ein starkes Selbstwertgefühl. Fühlen sie sich in ihrer Grandiosität angegriffen oder in Frage gestellt, reagieren diese Männer mit Gewalt. So ist zum Beispiel Gewalt in der Ehe in den meisten Fällen als Versuch zu werten, ein übersteigertes Selbstwertgefühl vor der schmerzlichen Konfrontation mit der Realität zu schützen: «Bekommen diese Männer das Gefühl, daß ihre Frau sie in wichtigen Bereichen überholt, fühlen sie sich in ihrer Selbstgefälligkeit bedroht und schlagen zu», erklären die drei Psychologen.[3]

Um ein positives Selbstbild zu bewahren, genügt es jedoch häufig nicht, andere anzugreifen, abzuwerten, zu kritisieren oder zu beschämen; mitunter ist auch der Einsatz von «Gaslichttechniken» nötig, um den Eindruck zu erwecken, den zu erwecken man sich wünscht. Da das Selbstwertgefühl des einzelnen von der Bestätigung und Anerkennung durch andere abhängig ist, ist es auf längere Sicht wenig befriedigend, seine Mitmenschen lediglich einzuschüchtern; angenehmer ist es, wenn man sie dazu bringen kann, die eigene hohe Meinung von sich selbst zu teilen. Oder, wie Laing es formuliert:

«Wer sich selbst täuscht, muß auch andere täuschen. Ich kann unmöglich ein falsches Bild von mir selbst aufrechterhalten, wenn ich nicht dein Bild von dir selbst und von mir verfälsche. Ich muß dich herabsetzen, wenn du aufrichtig bist, dir Heuchelei vorwerfen, wenn du mit meinen Wünschen übereinstimmst, dich einen Egoisten nennen, wenn du deine eigenen Wege gehst, dich als unreif verspotten, wenn du selbstlos zu sein versuchst, und so fort. Wer sich in einem solchen Wirrwarr gefangen sieht, weiß nicht mehr, ob er kommt oder geht.»[4]

Ein Vater beispielsweise, der sich selbst für äußerst großzügig hielt und diese Meinung gern mit anderen teilte, kam auf folgendes Manöver: Zunächst einmal ließ er seinem Kind ein üppiges Taschengeld zukommen, womit er seine Bereitschaft zu teilen belegte. Weil er jedoch in Wirklichkeit alles andere als großzügig war, brachte er nun das Kind regelmäßig in eine Situation, wo dieses das Geld wieder zurückgeben mußte. In einem Fall zwang dieser Vater sein Kind dazu, mit ihm um Geld zu spielen, und knöpfte ihm auf diese Weise das Geld wieder ab. Ein andermal wurde das Kind animiert, im Wohnzimmer Ballkunststücke vorzuführen, wobei eine Vase zu Bruch ging: Nun konnten die Eltern aus erzieherischen Gründen verlangen, daß das Kind die Vase von seinem Taschengeld ersetzte. Während der Vater sich weiterhin in dem Ruhm sonnte, äußerst spendabel zu sein, begann das Kind, sich als ewigen Verlierer zu empfinden, zumindest als einen Menschen, der nicht in der Lage ist, seinen Besitzstand zu wahren. Obwohl es letztlich nichts oder sehr wenig bekam, mußte es doch anerkennen, daß sein Vater ein überaus großzügiger Mensch war.

Viele der von Eltern gegenüber Kindern angewandten Täuschungsmanöver können tatsächlich als Versuch der Eltern angesehen werden, ein idealisiertes Bild ihrer selbst zu konstruieren und zu schützen. Was es offenbar mitunter um jeden Preis zu verhindern gilt, ist, daß die Eltern in ihren Rollen als Erzieher und Vorbild des Kindes als das erkannt werden können, was sie tatsächlich sind: durchschnittliche Menschen eben, die mit den Makeln der Fehlbarkeit, des Nicht-Wissens und des Versagens behaftet sind. Wenn man sich vor Augen hält, daß kaum ein anderer Mensch so vieles und vor allem auch so viel Bloßstellendes über einen weiß wie das eigene Kind, das einen unablässig und auch bei den privatesten Verrichtungen, in den unmöglichsten Situationen beobachtet, dann kann man ermessen, welch enormer Druck auf Kinder ausgeübt werden muß, damit sie von ihren Eltern unter allen Umständen nur das Beste halten.

Als verschärfte Maßnahme zur Sicherung des Selbstwertgefühls wird mitunter auch die Projektion eigener negativer Eigenschaften auf andere eingesetzt. Projektion in diesem Sinne meint, daß eine Person einer anderen eigene Merkmale zuschreibt, darunter insbesondere die Aspekte ihrer selbst, die sie verabscheut oder vor denen sie sich fürchtet. Dieser Prozeß zieht fast zwangsläufig falsche und unvorteilhafte Zuschreibungen in bezug auf die andere Person und ihre Motive nach sich. Dazu wurde in den USA folgendes interessante Experiment gemacht: Man ließ einige sehr aggressive Menschen mit einigen sehr toleranten Personen diskutieren, wobei die Gespräche auf Tonband aufgenommen wurden. Anschließend wurden die Beteiligten gefragt, wie sich ihre jeweiligen Gesprächspartner verhalten hätten. Die Antwort der Toleranten lautete: recht aggressiv. Die Antwort der Aggressiven lautete: schrecklich aggressiv. Das Tonband zeigte jedoch, daß die Toleranten – ganz im Gegensatz zu den Aggressiven – kein böses Wort, keinen gehässigen Ton geäußert hatten. Die Folgerung aus diesem Experiment ist: Aggressive Menschen projizieren ihre eigenen feindseligen Gefühle auf ihre Mitmenschen und meinen dann, sich gegen sie zur Wehr setzen zu müssen. Der Nutzen dieser Projektion ist die Selbstrechtfertigung: Ich wäre ein guter, friedliebender Mensch, wenn die anderen mich nicht immer so attackieren würden.[5]

Wenn das Opfer selbst sich auch möglicherweise in den negativen Zuschreibungen verfängt, die der Täter ihm auferlegt, so wird Außenstehenden doch mitunter die Unangemessenheit einer solchen Selbst- und Fremdeinschätzung bewußt. Die Möglichkeit, durchschaut zu werden, läßt sich jedoch umgehen, wenn man das auserkorene Opfer dazu verleiten kann, sich den eigenen Erwartungen entsprechend zu verhalten. Nehmen wir an, Sie sind ein überdurchschnittlich aggressiver Mensch. Sie können jetzt auch auf freundliche Äußerungen Ihrer Mitmenschen gereizt reagieren, weil Sie der Meinung sind, einen aggressiven Unterton herauszuhören. Befriedigender wird es jedoch für Sie sein, wenn es Ihnen gelingt, tatsächlich Aggressionen zu provozieren. Das ist mitunter ganz einfach: Behaupten Sie etwa Ihrem friedlichen Partner gegenüber, er sei gereizt und aggressiv, auch wenn tatsächlich Sie selbst es sind, der diese Gefühle hat. Wenn Sie jedoch nur hartnäckig genug bei Ihrer Behauptung bleiben, dann wird Ihr Partner vermutlich nach einiger Zeit tatsächlich in einer gereizten Stimmung sein und Ihnen eventuell sogar Vorwürfe machen! Sie behalten also recht und haben überdies einen plausiblen Grund dafür gefunden, warum Sie selbst in so schlechter Stimmung sind: weil Ihr Partner eben so reizbar ist.

Auf diese Weise lassen sich eine ganze Reihe von Affekten, die das eigene positive Selbstbild bedrohen, nach außen verlagern. Nehmen wir an, daß ein Mensch von dem Gefühl geplagt wird, abgelehnt zu werden. Da er sich selbst gern für beliebt und umgänglich hält, kann er dieses Gefühl bei sich selbst nicht akzeptieren. Also bringt er einen anderen dazu, sich abgelehnt zu fühlen, beispielsweise dadurch, daß er ihm Informationen darüber vorenthält, wieviel andere von ihm halten, oder dadurch, daß er ihm – ganz freundschaftlich natürlich – die möglicherweise auch noch übertriebene Kritik Dritter nahebringt. Der Vorteil solcher Manipulationen liegt auf der Hand: Die verpönten Gefühle sind nun «draußen», beim anderen; man kann sie distanziert betrachten, den anderen eventuell trösten oder auch ihm Vorwürfe machen, daß er sich in einer so mißlichen Situation befindet; in jedem Fall ist man der eigenen Seelennot entgangen.

Es ist bekannt, daß insbesondere Kinder häufig stellvertretend für ihre Eltern fühlen, denken und handeln. Die Psychoanalytikerin A. M. Johnson berichtet beispielsweise von dem sechsjährigen Stevie, der schon verschiedene Male von zu Hause weggelaufen ist. Man könnte nun meinen, daß es sich bei Stevie um ein besonders aufsässiges oder aber besonders unglückliches Kind handelt, das sich gegen den Willen der Eltern auflehnt bzw. ihnen zu entkommen trachtet. Tatsächlich lebt Stevie jedoch einen unerfüllten Wunsch des Vaters aus, wie sich bei näherer Untersuchung herausstellt. Dieser ist von Beruf Fernfahrer, aber seit einiger Zeit durch eine neue Stellung in der Heimatstadt festgehalten. Sein Bedürfnis, «wegzulaufen» und ohne Aufsicht «herumzustreunen», dem er vorher als Fernfahrer jederzeit nachgehen konnte, wird nun chronisch frustriert. Er kann sich dieses Bedürfnis nicht einmal eingestehen, weil es mit seiner Vorstellung von sich selbst als einem guten Familienvater unvereinbar ist. Stevie, der an seinem Vater hängt, versorgt ihn nun mit den Anregungen und Abenteuern, die dieser vermissen muß.

«Bei der ärztlichen Untersuchung ist es erstaunlich, was der Vater alles an Einzelheiten über die Abenteuer des Sohnes während dessen Eskapaden weiß. Überraschend ist auch, wie der Vater mit dem Sohn während der Sprechstunde umgeht. Er fordert Stevie zum Beispiel auf, über sein letztmaliges Fortlaufen zu berichten. Als der Junge aus Scham zögert, gibt ihm der Vater ungeduldig eine Starthilfe. Schließlich berichtet Stevie – und der Vater ist ganz augenscheinlich von der Schilderung fasziniert; er greift sogar hin und wieder soufflierend ein, wenn Stevie stockt. Gegen Ende der Erzählung schlägt die Stimmung des Vaters um. Ärgerlich stoppt er den Bericht des Kindes: «Nun ist es genug, Stevie! Sehen Sie nun, was ich meine, Doktor?›»[6]

Wer seine unakzeptablen Seiten an andere abtreten kann, der zieht daraus mehrfachen Nutzen: Zum einen steht er selbst auf der Seite der «Guten», während sein Erfüllungsgehilfe der «Böse» ist; zum anderen kann er – wie Stevies Vater – die Eskapaden des Bösen stellvertretend mitgenießen; und schließlich kann er in gerechter Empörung über den «Bösen» schwelgen.

Das Gegensatzpaar «gut» und «böse» kann auch durch das Gegensatzpaar «stark» und «schwach» ersetzt sein. So begegnen wir nicht selten dem selbstsicheren Mann, der eine überaus unsichere Partnerin an seiner Seite hat. Das Rätsel, was dieses ungleiche Paar zusammenhält, löst sich, wenn wir beobachten, daß die Frau für ihr Verhalten in der Öffentlichkeit von ihrem Partner jedesmal streng kritisiert wird. Als Folge davon ist sie im Laufe der Zeit immer unsicherer und schüchterner geworden, während ihr Mann mit seiner gesellschaftlichen Gewandtheit brilliert. Solange er seine Unsicherheit der Partnerin zuschreiben und sie darüber hinaus dazu bringen kann, sich tatsächlich unsicher zu fühlen und zu benehmen, bleibt sein positives Selbstbild, das ihm den gesellschaftlichen Umgang so erleichtert, unangetastet. Das häßliche Entlein ist dagegen in seinem Selbstwertgefühl so stark verunsichert, daß es von sich aus nie auf die Idee käme, den schönen Schwan zu verlassen und sich freundlicheren Menschen zuzuwenden.

Vergangenheitsbewältigung: alte Rechnungen begleichen

Auf dem Umweg über andere läßt sich das eigene seelische Gleichgewicht nicht nur bei akuten Spannungszuständen und Krisen wieder stabilisieren; der Einsatz von offenen oder verdeckten Aggressionen kann auch zur Entlastung von seelischen

Spannungen dienen, die aus der Vergangenheit herrühren. Hierher gehören etwa die bereits beschriebenen Versuche, alte Rechnungen zu begleichen, indem man lange angestaute Gefühle der Wut, die eigentlich einem gefürchteten Objekt aus der Vergangenheit gelten, an einem Dritten ausläßt. Hierbei wird das Opfer meist nicht nur mit einer anderen, lebensgeschichtlich wichtigen Person «verwechselt» (Projektion), sondern auch dazu gebracht, sich so zu verhalten wie jene Person (Induktion). Zuschreibungen und Entwertungen sind hier folglich die häufigsten Mittel der Wahl.

Nehmen wir an, Herr A hat es für sein seelisches Wohlbefinden nötig, seine Frau mit seiner Mutter zu verwechseln – um seine Mutter (in Gestalt seiner Frau) endlich einmal in ihre Schranken verweisen und sich als erwachsener Mann fühlen zu können. Dann genügt es nicht, wenn er in seine Frau etwas hineinsieht, was sie tatsächlich nicht ist; Herr A muß seine Frau auch dazu bringen, sich so zu verhalten wie seine Mutter, um ihr dann zeigen zu können, wer Herr im Haus ist. Nun gibt es zwei Möglichkeiten: Entweder läßt sich seine Frau dazu verleiten, die gewünschten Verhaltensweisen zu zeigen, z. B. ihren Mann häufig zu kritisieren, so wie es früher seine Mutter getan hat. Dann kann sich der Mann gegen die Kritik (seiner Frau, seiner Mutter) wehren und endlich einmal seinem gerechten, jahrelang aufgestauten Zorn Luft machen. Die andere Möglichkeit besteht darin, daß die Frau die ihr zugeschriebene Rolle nicht annimmt, weil sie ihr zum Beispiel einfach nicht liegt. Dies hat unweigerlich zur Folge, daß die Provokationen von Herrn A an Stärke zunehmen werden, um das gewünschte Verhalten doch noch hervorzurufen. Er wird wahrscheinlich versuchen, jede noch so beiläufige Bemerkung seiner Frau als Kritik aufzufassen, um endlich in gerechten Zorn geraten zu dürfen. Schließlich wird schon ein Stirnrunzeln der Frau genügen, um einen Wutanfall bei Herrn A auszulösen. Von außen betrachtet, wirkt

Herrn A.s Verhalten «unkontrolliert»; Frau A und andere Zeugen seines «Temperaments» werden Herrn A wohl als jähzornigen oder cholerischen Menschen einstufen, weil kein rechtes Verhältnis zu bestehen scheint zwischen Anlaß und Reaktion. Die Beziehung zwischen beiden läßt sich erst herstellen, wenn man nicht das tatsächliche Verhalten der Frau berücksichtigt, sondern die Phantasien des Mannes über seine Frau.

Der Vergangenheitsbewältigung dient auch die Identifikation mit dem Aggressor. Hierbei wird das Opfer nicht etwa in die Rolle einer wichtigen Bezugsperson aus der Vergangenheit gedrängt, sondern in die des eigenen früheren hilflosen Selbst. Beiden Fällen ist jedoch die Unfähigkeit gemeinsam, dort zu hassen, wo man eigentlich hassen sollte, bzw. denjenigen anzugreifen, der einen tatsächlich verletzt hat. Statt dessen wird ein unschuldiger Dritter attackiert.

Ein Vater, der als Kind wiederholt den beängstigenden Anfällen seiner zeitweise schizophrenen Mutter ausgesetzt war, machte es sich zur Gewohnheit, seiner kleinen Tochter Schauergeschichten zu erzählen. Wenn sie ihn mit schreckgeweiteten Augen ansah, dann fühlte er sich stark und mächtig: Ihm konnte man nicht mehr so leicht Angst einjagen! Schließlich machte er sich daran, das Kind wieder zu beruhigen, und auch in dieser Rolle fühlte er sich in hohem Maße aufgewertet. Seiner Meinung nach vermittelte er seiner Tochter eine wichtige Erfahrung, die er selbst entbehrt hatte, nämlich Schutz und Beruhigung angesichts einer vermeintlichen Gefahr. Tatsächlich behandelte er seine Tochter nicht anders, als er selbst von seiner Mutter behandelt worden war: Er machte ihr Angst.

Hinter solchen Verhaltensweisen steckt auch das Bemühen, sich über einen Dritten aus der verhängnisvollen Verstrickung mit der Vergangenheit zu befreien. Nehmen wir ein Kind, das einem Elternteil ausgesetzt war, dessen verdeckte Angriffe auf seine seelische Gesundheit es nicht durchschauen, geschweige

denn sich gegen diese wehren konnte. Mit großer Wahrscheinlichkeit wird dieses Kind später als Erwachsener gegenüber
einem schwächeren Dritten genau dieselben Techniken der
Desorientierung, Demoralisierung und Entwertung anwenden,
denen es selbst einmal ausgeliefert war. Auf diese Weise verkehrt
es seine ursprünglich passive in eine aktive Rolle; es ist nun an
der Macht, und der andere muß zusehen, wie er zurechtkommt.
Gleichzeitig «erzählt» der Aggressor aber auch, was ihm selbst
einmal zugestoßen ist – nicht mit Worten, denn diese stehen
ihm nicht zur Verfügung, sondern mit seinem Verhalten. Therapeuten nutzen dieses sogenannte Agieren, um etwas über
einen Menschen zu erfahren, was dieser ihnen anders nicht mit-
teilen kann.

Bei der Behandlung gewisser Persönlichkeitsstörungen
kommt es beispielsweise vor, daß der Klient seinen Therapeuten
zunächst maßlos idealisiert: Die Art, wie der Therapeut spricht,
sich kleidet, seinen Beruf ausübt, seine gesamte Lebensführung
erscheinen dem Klienten vorbildlich; er hält alles, was der Therapeut sagt, für eine göttliche Offenbarung und fühlt sich durch
die Behandlung rasch gebessert. Dann schlägt die Stimmung
des Klienten plötzlich um: Nun kann ihm der Therapeut nichts
mehr recht machen, er attackiert ihn mit Vorwürfen und Beleidigungen und erwägt ernsthaft, sich einen anderen, besseren
Therapeuten zu suchen. Weder die anfängliche Hochschätzung
noch die darauf folgende Abwertung des Therapeuten haben
mit dessen realem Verhalten etwas zu tun. Der Klient wiederholt vielmehr nur ein Verhaltensmuster, dem er selbst als Kind
durch seine launische Mutter ausgesetzt war: Eine Zeitlang
konnte er sich in dem Ruhm sonnen, ihr erklärter Liebling zu
sein, um dann plötzlich zu erfahren, daß seine Mutter ihn
nichtsnutzig und enttäuschend fand und sich seinem Bruder
zuwandte. Um diesen Zusammenhang aufklären zu können,
muß der Therapeut sich selbst als Person so weit zurückneh-

men, daß er nur mehr als Projektionsfläche für den Klienten dient.

Eine derart distanziert-analytische Haltung, wie sie Therapeuten lernen müssen einzunehmen, ist von Intimpartnern jedoch nicht zu erwarten, und schon gar nicht von einem Kind. Kinder sind aber leider die bevorzugten Opfer dieser Art der Vergangenheitsbewältigung Erwachsener, weil sie in ihrer Hilf- und Wehrlosigkeit beim Täter Erinnerungen an früher erlittenes Unrecht wachrufen und zugleich das von ihm dringend benötigte Gefühl von Macht und Überlegenheit.

In extremen Fällen zahlen Kinder für die seelischen Schäden ihrer Eltern sogar mit dem vollständigen Verlust ihrer seelischen Gesundheit. Die destruktivste Form, seelischen Ballast bei einem anderen abzuladen, besteht in dem Versuch, einen anderen tatsächlich verrückt zu machen – um nicht selbst verrückt sein zu müssen. Verschiedene Psychiater sind aufgrund ihrer klinischen Erfahrungen zu dem Schluß gekommen, daß psychisch schwer gestörte Menschen häufig unter dem Einfluß eines «Verrücktmachers» stehen oder gestanden haben, der seine eigene Verrücktheit auf diese Weise kontrollieren konnte. So schreibt etwa H. E. Richter:

«Das Hauptmerkmal einer familiären Symptomneurose besteht darin, daß die Familie bzw. ein Teil der Familie ein Mitglied (manchmal auch mehrere) krank macht und als ‹Fall› organisiert Auf dieses Mitglied wird so lange ein überlastender Druck ausgeübt, bis der Betreffende dekompensiert, meist unter der Produktion von medizinischen Symptomen, manchmal auch von Verwahrlosungszügen. Die übrige Familie verschafft sich durch das provozierte Scheitern ihres Opfers Entlastung ... In dem Augenblick, in dem dieses Individuum krank wird oder sozial versagt, kommt es plötzlich zu einer merkwürdigen Beruhigung der vordem erregten Familienatmosphäre. Insbesondere das Verhältnis zwischen dem Symptomträger und seiner nächsten Bezugsperson entspannt sich oft merklich. Paradoxerweise erscheint das Familienmitglied oft am gesündesten, dessen Druck einen anderen Teil der Familie krank macht ... Wer eine neurotische Familiensituation induziert, gilt oft als normal und hält sich auch selbst dafür.»[7]

Nehmen wir an, jemand hält bestimmte Gedanken, Gefühle, Wahrnehmungen oder Erinnerungen, die er selbst hat, für schlecht, verrückt, obszön oder gefährlich. Dann muß er sich bestimmter Taktiken bedienen, um all das, was er bei sich selbst nicht akzeptieren kann, abzuwehren. Diese Taktiken sind unter dem Begriff «Abwehrmechanismen» bekannt geworden: Man «verdrängt» oder «verleugnet» etwa Bewußtseinsinhalte, die das eigene Sicherheitsgefühl oder das Selbstwertgefühl oder beide bedrohen. Solche Abwehrmechanismen sind Operationen, die wir an unserer eigenen Erfahrung vornehmen. Wer sich beispielsweise vor der Erkenntnis schützen will, daß er eine peinliche Vorliebe für Schmutz und Unordnung hat, der kann jeden Gedanken daran aus seinem Bewußtsein verdrängen und vehement gegen Schmutz und Unordnung zu Felde ziehen. Er steht nun als ein ausgesprochener Saubermann da, und solange man seine weiterhin fortgesetzte intensive Beschäftigung mit Schmutz und Unordnung nicht in Frage stellt, ist die Welt für ihn und alle, die mit ihm zu tun haben, in Ordnung.

Manche Menschen verstehen es jedoch, andere in ihre Abwehrmanöver auf geschickteste Art und Weise mit hineinzuziehen. Sie halten sich seelisch gesund, indem sie ihre eigenen Verrücktheiten anderen aufbürden. Nach Ansicht des Psychiaters Arieti schaffen diese Menschen oft Situationen, die bei anderen Menschen Psychosen verursachen, während sie selbst von offenen Symptomen verschont bleiben.

Bei dem Versuch, einen anderen verrückt zu machen, geht es um deutlich mehr als darum, vorübergehend seinem Frust und Ärger Luft zu machen, sein Selbstwertgefühl zu schützen oder bestimmte engumrissene Konflikte aus der Vergangenheit zu bewältigen. Hier wird vielmehr ein umfassender und unausgesetzter Feldzug gegen die seelische Integration des Opfers geführt, der es im Kern darauf anlegt, den anderen in innere Konflikte und Widersprüche zu verwickeln.

Eine Mutter, die selbst unter starken seelischen Spannungen leidet, bemerkt, daß ihre Tochter Kathy, sieben Jahre alt, ruhig und zufrieden dasitzt und ein Bild malt. Der verrücktmachende Dialog beginnt:

> Mutter: «Kathy, du siehst traurig aus. Bist du traurig?»
> Kathy: «Nein!»
> Mutter (schuldbewußt): «Komm doch einmal her zu mir und gib mir einen Kuß. Zeig Mami, daß du sie lieb hast.»
> Kathy: «Also gut!» (geht zu ihr und gibt ihr einen Kuß).
> Mutter (setzt sich auf): «Das hast du nur getan, weil ich es gesagt habe. Du selbst wolltest es gar nicht, hab ich recht?»
> Kathy (schweigt verwirrt)
> Mutter: «Also dann mal du nur weiter – ich bin enttäuscht.»[8]

Bereits diese kurze Sequenz genügt, um Kathys innerer Ausgeglichenheit ein Ende zu bereiten. Sie ist nun schuldbewußt, weil sie ihre Mutter enttäuscht hat, und verwirrt, weil sie ja eigentlich folgsam gewesen ist und deshalb keinen Grund hat, sich schuldig zu fühlen, und höchstwahrscheinlich auch ein bißchen verärgert, weil sie daran gehindert wurde, ihrer Beschäftigung, dem Malen, nachzugehen. Sie weiß nun nicht mehr, inwieweit es überhaupt möglich ist, eigene, von der Mutter unabhängige Ziele zu verfolgen, ohne die Mutter damit zu verletzen: Kathys altersadäquate Bemühungen um Eigenständigkeit und Selbstgenügsamkeit werden zu einem inneren Konfliktherd. Wenn sie nicht nur gelegentlich, sondern bei jedem Zusammensein mit ihrer Mutter in emotionale Verwirrung gestürzt wird, so ist zu erwarten, daß sie über kurz oder lang ein emotional verwirrter Mensch wird.

Bei allen Formen des Verrücktmachens sind diejenigen, die in der Eltern-Kind-Beziehung vorkommen, die verhängnisvollsten. Neben der berühmten «Doppelbindung» spielt hier insbesondere ein Prozeß eine Rolle, der als «Projektive Identifikation» bezeichnet wird. Dabei schreibt der Täter in einem ersten Schritt eigene unbewältigte seelische Inhalte dem Opfer zu (Projektion), um dann in einem zweiten Schritt das Opfer dazu zu bringen, tatsächlich so zu fühlen und zu handeln, wie es der Projektion entspricht. Schließlich eignet sich der Täter den vom Opfer bearbeiteten seelischen Inhalt wieder an (Identifikation).

So kompliziert und mysteriös dieser Vorgang auch erscheinen mag, so geläufig ist er uns doch in der Eltern-Kind-Interaktion, wenn er sich vom Kind («Täter») auf die Eltern («Opfer») richtet. Nehmen wir an, daß ein kleines Kind durch irgendein äußeres Ereignis in große Angst versetzt wird, die es seiner Mutter vermitteln kann; diese fühlt sich in das Kind ein, fühlt seine Angst mit, bearbeitet diese Angst jedoch zugleich, indem sie weiterhin Ruhe und Gelassenheit zeigt. Das Kind beruhigt sich, indem es die Ruhe und Gelassenheit seiner Mutter übernimmt. Es hat also ein wechselweiser Austausch von Gefühlen stattgefunden: Das Kind hat der Mutter seine Angst zugeschoben, die Mutter dem Kind ihre Selbstsicherheit – ein positiver, entwicklungsfördernder Vorgang.

Als destruktiv erweist sich dieses Geschehen allerdings, wenn nicht der Schwache (das Kind) den Starken (die Eltern) zur Bewältigung seiner seelischen Not heranzieht, sondern umgekehrt der real Mächtige den Schwachen in dieser Weise ausnutzt. Wie soll ein Kind Probleme bewältigen, an denen seine Eltern gescheitert sind? Es kann diesen Problemen aber auch nicht einfach ausweichen – denn innerhalb solcher pathologischer Eltern-Kind-Beziehungen werden meist alle Schritte des

Opfers in Richtung auf mehr Unabhängigkeit rigoros unterbunden. Manche Verrücktmacher oprieren dabei vorwiegend mit der Erzeugung von Schuldgefühlen: Sie drohen mit Selbstmord, Krankheit oder einem Nervenzusammenbruch, wenn das Opfer einen Versuch macht, sich ihnen zu entziehen. Andere Verrücktmacher setzen eher auf die Kraft negativer Zuschreibungen: Sie erklären alle Verhaltensweisen, die von der Eigenständigkeit des Opfers zeugen, für verrückt oder böse. Auf diese Weise entsteht eine enge, immer aber hochambivalente Beziehung zwischen Täter und Opfer, wobei der eine zunehmend «gesund», der andere zunehmend «verrückt» zu sein scheint.

Solch eine Beziehung kann beispielsweise regelmäßig bei Kindern entdeckt werden, die eine Schulphobie entwickelt haben. Sie gelten als gestört, weil sie sich weigern, ihre Mutter zu verlassen und in die Schule zu gehen; sie wirken überaus ängstlich, und ihre Mütter dementsprechend besorgt. Bei näherer Betrachtung ist es jedoch zumeist die Mutter, die ängstlich ist und es nicht erträgt, verlassen zu werden, und das Kind, das um die Mutter besorgt sein muß.

> «Wenn ein Familienmuster dieser Art vorliegt, zeigt sich nahezu immer, daß der betreffende Elternteil intensive Angst um die Verfügbarkeit seiner eigenen Bindungsfiguren hat und unbewußt die normale Eltern-Kind-Beziehung umkehrt, indem er vom Kind erwartet, daß es die Elternfigur darstellt, und selbst die Rolle des Kindes übernimmt. Das Kind soll für den Elternteil da sein, und der betreffende Elternteil verlangt für sich, daß das Kind ihn tröstet und ihm hilft ... Solche Kinder sind alles andere als verwöhnt und im Grunde chronisch enttäuscht, und da sie angeblich alles bekommen, können sie nicht einmal protestieren.»[9]

Die Angst des Kindes befreit die Mutter von ihren eigenen Ängsten: Da das Kind sich an sie klammert, muß sie nicht mehr befürchten, verlassen zu werden und alleine dazustehen. Außerdem fühlt sich die Mutter stark in der Rolle der Beschützerin des Kindes; das Kind dagegen fühlt sich schwach in der Rolle des Angsthasen. Seine Kontakte zu Gleichaltrigen verkümmern, bis es schließlich nur noch die Mutter hat, an die es sich halten kann. Tatsächlich sorgt sich nicht diese um das Kind, sondern das Kind bis zur Selbstaufgabe um die Mutter.

Es steht außer Frage, daß es von der Machtposition des einzelnen abhängt, ob und wieweit er sich anderer bedienen kann, um seinen Seelenhaushalt zu regulieren. Je überlegener die Position, desto eher kann sich ein Mensch seine seelische Gesundheit (oder zumindest den Anschein einer solchen) auf Kosten anderer erhalten. An einem Unterlegenen kann man seine Aggressionen ungestraft auslassen, bei ihm kann man Ängste, Gefühle der Schwäche und der Minderwertigkeit deponieren, ihn kann man dazu zwingen, Verhaltensweisen und Rollen zu übernehmen, die man zur Aufrechterhaltung des eigenen seelischen Gleichgewichts braucht. In diesem Licht besehen, erweist sich «Normalität» als eine Machtfrage: nicht nur deshalb, weil der Stärkere bestimmt, was als normal anzusehen ist und was nicht, sondern auch deshalb, weil der Stärkere den Schwächeren so weit unter Druck setzen kann, daß dieser tatsächlich «dekompensiert», das heißt, zeitweilig oder dauerhaft die Fassung verliert.

Umgekehrt ist zu schließen, daß gestörte oder besser: verstörte Menschen, wie auch immer ihre «Störung» beschaffen sein mag, eines gemeinsam haben: Sie sind oder waren den Aggressionen wichtiger Bezugspersonen ausgesetzt, ohne sich dagegen adäquat zur Wehr setzen zu können. «Verrücktheit» ist demnach eine Eigenschaft der sozial Schwachen, weil sie nicht über die Möglichkeit des Agierens verfügen, sondern im Gegenteil zur Zielscheibe des Agierens von anderen werden. Seelisch gesund ist dagegen, wer das eigene «Böse» und das «Böse», das ihm angetan wurde, bei anderen unterbringen kann.

Und wer trägt
die Verantwortung?

Aggressionen und Schuldgefühle

Es wird allgemein angenommen, daß aggressive Handlungen Schuldgefühle nach sich ziehen. Dies gilt ja gerade als der wünschenswerte Ausgang der moralischen Entwicklung jedes Menschen: Was ursprünglich Strafangst war, soll zur peinigenden Stimme des Gewissens werden, die sich möglichst schon erhebt, bevor man einen anderen angreift, in Angst versetzt oder seine Position sonstwie zu schwächen versucht. Ist das Unrecht schon begangen, so soll uns unser Gewissen mit Selbstvorwürfen quälen, die denen, die andere gegen uns erheben könnten, in nichts nachstehen, ja um so unerbittlicher sind, als wir der Stimme in unserem Kopf nicht entfliehen können.

Soweit die Theorie. In der Praxis lassen sich Schuldgefühle am ehesten bei den Menschen beobachten, die bereits zur Zielscheibe der Aggressionen anderer geworden sind und deren als Vorwürfe getarnte Angriffe verinnerlicht haben. Es handelt sich dabei nach der Darstellung des Psychoanalytikers Mathias Hirsch insbesondere um Menschen, die als Kinder nicht erwünscht waren und von ihren Eltern offen oder verdeckt abgelehnt wurden, die wegen ihrer bloßen Existenz oder ihres vitalen Strebens nach Autonomie verfolgt wurden, sowie um Menschen, die traumatischen Erfahrungen ausgesetzt waren: körperlichem und sexuellem Mißbrauch (auch Folter und Vergewaltigung im Erwachsenenalter), unbewältigten Verlusten, nicht anerkannter realer Schuld meist der vorhergehenden Generation, emotionaler Mangelversorgung sowie subtiler langdauernder Beeinflussungen in der Eltern-Kind-Beziehung im Sinne der projektiven Identifikation.[1] Schuldgefühle entwickeln gerade Menschen, die aufgrund massiver Einschüchterung ihren Platz in der Welt gar nicht zu behaupten und zu verteidigen wagen.

Umgekehrt lassen sich sehr aggressiv und selbstsicher auftretende Menschen selten und dann auch nur höchst ungern bei der Verfolgung ihrer eigenen Interessen von Schuldgefühlen behindern. Den Gegner oder Rivalen ausgeschaltet zu haben wird als Sieg erlebt, nicht als moralische Niederlage, und wer einen anderen kleingekriegt hat, der wird darüber keine schlaflosen Nächte verbringen, sondern sich im Gegenteil aufgewertet fühlen. Manch einer fühlt sich einfach besser, wenn er dem Hund einen Tritt verpaßt oder im Büro eine kleine Intrige angezettelt hat. Kurz: Mit dem moralischen Empfinden der Menschen ist es im allgemeinen nicht so weit her, wie man dies gern glauben möchte. Wichtigstes Regulativ scheint immer noch die Angst vor Entdeckung und vor Strafe zu sein, und deshalb verwundert es nicht, daß Menschen um so weniger zu Schuldgefühlen neigen, je unangreifbarer sie ihre Position einschätzen. Menschen in Machtpositionen sezten sich mitunter mit einer so unglaublichen Nonchalance über moralische Vorschriften und Gebote hinweg, daß man zu der Ansicht gelangen könnte, sie hätten kein Gewissen.

Sensiblere Naturen bedienen sich häufig eines einfachen Kunstgriffs, um Schuldgefühle abzuwehren: Sie deuten ihr eigenes Verhalten und die diesem Verhalten zugrundeliegenden Motive um. So läßt sich Feindseligkeit beispielsweise gut als Besorgnis tarnen. Die Mutter einer heranwachsenden Tochter etwa versäumte keine Gelegenheit, die Tochter im Beisein Dritter darauf aufmerksam zu machen, daß etwas mit ihr nicht stimmte. «Fühlst du dich nicht wohl? Du siehst gar nicht gut aus.» «Deine Haare sitzen schlecht. Du solltest mal wieder zum Friseur gehen.» «Hast du deine Tage? Du hast so viele Pickel im Gesicht.» «Soll ich dich nicht einmal zu meiner Kosmetikerin mitnehmen? Du hast in letzter Zeit eine schlechte Haut.» Bei all diesen öffentlichen Attacken auf die Selbstsicherheit ihrer Tochter war sich die Mutter ihrer eigenen feindseligen Gefühle nicht bewußt. Tatsächlich war sie neidisch auf die Jugend ihrer Tochter und registrierte eifersüchtig jeden bewundernden Blick, den die Tochter auf sich zog. Sie hielt sich jedoch für eine Mutter, die am guten Aussehen ihrer Tochter nicht etwa Anstoß nahm, sondern im Gegenteil sehr darum besorgt war. Warum also hätte sie Schuldgefühle wegen ihres Verhaltens empfinden sollen?

Eine andere Maske der Feindseligkeit ist die Naivität. Es gibt Menschen, die einen scheinbar unabsichtlich immer wieder in Schwierigkeiten bringen. Sie versäumen es, einen rechtzeitig über wichtige bevorstehende Termine zu informieren, sie plaudern einem Dritten gegenüber unbefangen etwas aus, was nicht für dessen Ohren bestimmt ist, oder begehen andere Verstöße gegen die gesellschaftliche Etikette, die nicht etwa sie selbst, sondern ihr Opfer in Mißkredit bringen. «Ich konnte doch nicht wissen, daß …» oder «Ich wollte doch nicht, daß …» ist die häufigste Ausrede dieser «naiven» Aggressoren. Sie sind sich buchstäblich keiner Schuld bewußt, auch wenn sie es durch ihre «unbedachten» Äußerungen und Handlungen geschafft haben, andere bloßzustellen, ihnen Feinde zu machen oder ihnen Chancen zu vermasseln.

Eine junge Frau hatte einer befreundeten Kollegin erzählt, daß sie mit ihrer jetzigen Stellung unzufrieden sei und sich nach einer neuen Stelle umsehe. Es war klar, daß es sich dabei um eine vertrauliche Information handelte. Als die beiden Frauen am nächsten Tag zusammen mit ihren anderen Kollegen und dem Chef der Abteilung in der Kantine saßen, fragte die eingeweihte Kollegin laut und deutlich: «Hast du jetzt denn schon eine bessere Stelle gefunden?» Als ihr Opfer verlegen das Thema wechseln wollte, blieb sie beharrlich: «Du hast mir gestern doch erzählt, daß du zu einem Vorstellungstermin gehen wolltest ...» Hinterher entschuldigte sie sich: «Ich konnte doch nicht wissen, daß du dem Chef noch gar nichts gesagt hattest.»

Ein derartiges Benehmen wird im allgemeinen als «Taktlosigkeit» bezeichnet, womit man dem Aggressor und seinem Versuch, die eigene Feindseligkeit vor sich und anderen zu verbergen, noch entgegenkommt: Seine Angriffe werden dabei nämlich auf einen Mangel an gutem Benehmen, an Feingefühl und Rücksichtnahme zurückgeführt und damit gleichermaßen entschuldigt. Wer es an Takt fehlen läßt, der ist kein böser, sondern lediglich ein ungehobelter Mensch. Manche chronisch taktlose Menschen nehmen für sich den Vorzug in Anspruch, besonders «spontan» zu sein – und deshalb auch nicht immer alle möglichen Konsequenzen ihres Verhaltens zu berücksichtigen. «Spontaneität» ist nun aber eine Eigenschaft, die nach allgemeinem Dafürhalten unsere uneingeschränkte Anerkennung verdient. Dieser Einschätzung kann sich nicht einmal das Opfer der Spontaneität eines anderen entziehen, und schon gar nicht der Täter selbst, der sich im Glanz eines ungebrochenen Temperaments sonnt, anstatt sich schuldig zu fühlen.

Noch höher auf der Rangskala menschlicher Werte und Tugenden als Spontaneität ist Hilfsbereitschaft anzusiedeln, und entsprechend häufig treffen wir auf die als Hilfestellung getarnte Aggression.

Da ist zum Beispiel der kleine Junge, der gerade ein Bild gemalt hat, wie es seinem Alter entsprechen mag. Nun kommt der große Bruder und «hilft» ihm, indem er mit raschen, gekonnten Strichen noch ein paar Verbesserungen anbringt. Als der kleine Junge sich darüber beschwert, daß der große sein Bild kaputtgemacht hat, verteidigt dieser sich: «Ich wollte dir ja nur helfen.» Tatsächlich hat er das Bild des jüngeren zerstört, denn es existiert nun ja nicht mehr in seiner ursprünglichen Form. Gleichzeitig hat der liebe große Bruder durch sein Eingreifen indirekt die Fähigkeit seines kleinen Bruders in Frage gestellt, alleine ein Bild malen zu können. Aber er braucht deswegen noch lange keine Schuldgefühle zu haben. Diese deponiert er im Gegenteil bei seinem kleinen Bruder, den er mit Fug und Recht der Undankbarkeit bezichtigen kann.

Wer noch weiter gehen will, der kann sich via Hilfsbereitschaft auch die Arbeit und den damit verbundenen Erfolg des Opfers aneignen. Stellen Sie sich etwa vor, Ihr Partner sei seit Stunden damit beschäftigt gewesen, ein besonders gutes und aufwendiges Essen zu kochen. Kurz bevor er fertig ist, betreten Sie die Küche, schmecken mit Kennermiene ab und fügen schließlich noch irgendein Gewürz hinzu, ohne die das Gericht ihrer laut verkündeten Meinung nach nicht eßbar gewesen wäre. Im Grunde genügen ein paar Körnchen Salz, damit Sie selbst sich hervortun und ganz nebenbei den Partner und seine Leistungen abwerten können. Er hat die Arbeit gehabt, Sie selbst den Erfolg. Vorsicht ist jedoch geboten! Denn wenn Sie allzuoft in diesem Sinne hilfsbereit sind, so riskieren Sie, daß Ihr Partner den Spaß am Kochen verliert und Sie dann selbst kochen müssen. Diese Wendung der Dinge stiehlt Ihnen nicht nur Ihre kostbare Zeit, sondern beraubt Sie überdies einer der Möglichkeiten, Ihren Partner zu entwerten.

So müssen viele Eltern, die alles für ihr Kind tun, die leidvolle Erfahrung machen, daß es dabei keineswegs glücklich zu sein scheint, sondern in eine schwer zu bekämpfende Lethargie versinkt. Kein Wunder – es hat die Erfahrung gemacht, daß andere alles besser können als es selbst. Nun rächt es sich, indem es jegliche Initiative anderen zuschiebt und sich selbst auf die unangreifbare Position eines Zuschauers zurückzieht. Dabei sind sich die Eltern ihrer permanenten Entwertungstendenzen meist nicht bewußt: Sie wollten schließlich nur das Beste für ihr Kind.

Praktisch alle sozial anerkannten Motive können dazu herangezogen werden, Feindseligkeiten vor sich selbst und vor anderen zu verbergen und auf diese Weise dem Widerstand des Opfers und den eigenen Schuldgefühlen zugleich zu entgehen. Wo keine Aggression im Spiel war, da gibt es auch kein aggressives Verhalten und folglich auch keinen Anlaß zu Vorwürfen und Selbstvorwürfen.

Während Aggressionen keineswegs zwangsläufig Schuldgefühle beim Täter hervorrufen, führen umgekehrt Schuldgefühle leicht zu Aggressionen: Schuldgefühle werden von vielen Menschen als so unangenehm und als ihrem Selbstwertgefühl so abträglich empfunden, daß sie häufiger die Ursache, nicht die Folgen von Aggression sind. Der Täter, der sich in der hochnotpeinlichen Lage sieht, Schuldgefühle zu entwickeln, erstickt diese im Keim, indem er sich in eine selbstgerechte Wut hineinflüchtet: Diese Emotion – eine Emotion der Stärke – ist für ihn leichter zu ertragen als das Gefühl, menschlich versagt zu haben, also schwach zu sein.

Aggressionen stellen also auch ein weiteres Mittel zur Abwehr von Schuldgefühlen dar. Dabei werden nicht die eigenen Motive und Verhaltensweisen umgedeutet, sondern die Absichten und Taten des Opfers einer Neubewertung unterzogen. Statt die Schuld bei sich selbst zu suchen, stempelt der Täter sein Opfer nachträglich zum provozierenden Aggressor. Die Schuldzuweisung an das Opfer selbst erlaubt es dem Täter, seine eigene Aggression als eine Form der Selbstverteidigung zu erleben; und so entsteht mitunter die merkwürdige Situation, daß der Täter sein Opfer für das bestrafen zu müssen glaubt, was er selbst ihm angetan hat.

So gab ein Sexualstraftäter, der ein kleines Mädchen zuerst

mißbraucht und anschließend getötet hatte, bei der Gerichtsverhandlung zu Protokoll, daß er sie nur deshalb umgebracht habe, weil sie ihn «angeschaut» hätte. «Sie hat mich angeschaut!» sagte er immer wieder vor Gericht. Daß das Mädchen ihn angeschaut hatte und er selbst seinem Opfer folglich ins Gesicht sehen mußte, hätte beim Täter Schuldgefühle auslösen können; statt dessen deutete er das Angeschautwerden als einen Akt der Aggression, gegen den er sich zur Wehr setzen mußte: Also brachte er das Mädchen um.

Auch im Alltag kann man diesen Kreislauf von Aggressionen, Schuldgefühlen und neuen Aggressionen entdecken: Wer einem anderen etwa, und sei es auch nur unabsichtlich, Unrecht zugefügt hat, der wütet danach häufig nicht gegen sich selbst, sondern, was ja auch viel bequemer ist, gegen das Opfer. Da ist zum Beispiel eine Mutter oder ein Vater, die oder der schlechte Laune hat und aus dieser Laune heraus sein Kind völlig ungerechtfertigt anschreit. Das Kind ist getroffen, und aus seiner Miene und seiner gedrückten Stimmung ist auch deutlich abzulesen, daß es sich ungerecht behandelt fühlt. Um so schlimmer für das Kind! Der Aggressor fühlt sich nun in seinem Seelenfrieden gestört: Er hat schlicht und einfach keine Lust, Schuldgefühle zu haben und sich als eine Person wahrnehmen zu müssen, die ihre schlechte Laune an einem wehrlosen Kind ausläßt. Nun geht er erst recht auf das Kind los, das ihn als einen ungerechten Aggressor enttarnt hat: Er wirft ihm vor, zu empfindlich zu sein, entdeckt die Unordnung in seinem Zimmer und geht sogar zu physischer Gewalt über, wenn es ihm nur gelingt, sich in einen selbstgerechten Zorn hineinzusteigern.

Vom Opfer aus gesehen, bedeutet dies folgendes: Wenn es Aggressionen auf sich gezogen hat, so kann es vom Aggressor in den seltensten Fällen Wiedergutmachung und Entschuldigung erwarten. Es muß vielmehr damit rechnen, daß sein Opferstatus festgeschrieben wird. Nichts kann einem letztlich so sehr verübelt werden, als daß man schlecht behandelt worden ist. Wenn Ihnen jemand plötzlich feindselig gegenübersteht und sie partout keinen Grund in Ihrem eigenen Verhalten dafür erkennen können, so ist der Schluß oft zutreffend, daß nicht Sie etwas getan haben, was einen Gegenangriff rechtfertigte, sondern umgekehrt: daß Ihr Angreifer einen Grund hat, sich Ihnen gegenüber schuldig zu fühlen. Ihr bloßer Anblick mag genügen, ihn an sein Vergehen zu erinnern, und da er sich daran nicht gern erinnern will, wird er aggressiv.

Nehmen wir einmal an, ein guter Freund hätte hinter Ihrem Rücken schlecht über Sie geredet. Wenn er Sie nun trifft, wird er ein schlechtes Gewissen deswegen haben, und das wird er Ihnen verübeln. Wenn er nicht beginnt, Sie zu schneiden, so greift er Sie womöglich an – um sein vorausgehendes Verhalten nachträglich zu rechtfertigen.

Manche Menschen sind so allergisch gegenüber jedwedem Gefühl von Schuld und Verpflichtung, das andere bei ihnen auslösen, daß sie sogar von anderen empfangene Wohltaten unsagbar reizen. Wem ein Gefallen erwiesen wurde, der begibt sich in die Rolle des Schuldners – denn er schuldet jetzt seinem Wohltäter einen Gefallen. Viele Leute haben mit dieser Regelung des sozialen Austauschs keine Probleme; sie setzen sie vielmehr gezielt ein, um an begehrte Güter heranzukommen (Eine Hand wäscht die andere). Manche fühlen sich jedoch in der Rolle des Schuldners denkbar unwohl; wir können sie mit Recht also undankbare Menschen bezeichnen. Wenn sie etwas annehmen, so müssen sie ihren Wohltäter anschließend attackieren, um die Bilanz wieder zu ihren Gunsten auszugleichen. Dafür gibt es verschiedene Möglichkeiten: Man kann den Wohltäter beispielsweise herabsetzen – wer selbst nichts wert ist, dessen Geschenke sind auch nichts wert. Man kann auch die Geschenke selbst herabsetzen, also so tun, als hätte man eigentlich gar nichts Wertvolles bekommen, woraus folgt, daß man auch nichts zurückzugeben braucht. Man kann auch die Motive des Wohltäters in dem Sinne verändern, daß aus einem Geber ein eigennütziger Mensch wird: Damit, daß er mich in seinem Auto nach Hause gebracht hat, wollte er sich eigentlich nur wichtig machen – mit seinem neuen Auto protzen –, mich einwickeln, damit ich ihn zu meiner Geburtstagsparty einlade etc. All diese negativen Zuschreibungen entbinden den Aggressor von seiner Pflicht, Gegenleistungen oder Entschädigungen zu erbringen, und führen ihm überdies vor Augen, wie schlecht die Menschen sind, unter denen er lebt, und wie gut und rechtschaffen er im Vergleich zu ihnen ist.

Eng mit der Rechtfertigungsaggression verwandt ist eine Taktik, die unter dem Namen «Angriff ist die beste Verteidigung» bekannt ist. Sie besteht darin, das Opfer anzugreifen, um seinen (gerechtfertigten) Vorwürfen zuvorzukommen. Da hat zum Beispiel ein junger Mann vergessen, an den Geburtstag einer Tante zu denken, die eine solche Nachlässigkeit eigentlich nicht verdient hat. Statt sich zu entschuldigen, greift er die Tante an: daß sie sich nie um ihn kümmere, daß es ihr ganz egal wäre, ob man ihr gratuliere oder nicht, daß sie sowieso die anderen Neffen lieber hätte usw. Die Tante, die eigentlich Grund gehabt hätte, sich über die Lieblosigkeit ihres Neffen zu beschweren, wird nun in sich gehen und überlegen müssen, ob an seinen Vorwürfen nicht doch etwas Wahres dran wäre.

Manche Menschen sind wahre Meister darin, Schuldgefühle jeglicher Provenienz abzuwehren, indem sie den «Spieß umkehren». Ob sie einen anderen gekränkt oder verletzt haben, ihm nicht die Unterstützung gewährt haben, derer dieser bedurfte, ob sie ihn betrogen oder verraten haben, immer überschütten sie ihr Opfer mit Kritik und Vorwürfen, die sie solange vorbringen, bis sie selber daran glauben können. Das Interessante daran ist, daß diese Kritik und diese Vorwürfe dem Inhalt nach genau diejenigen sind, die der Aggressor eigentlich von seinem Opfer zu hören erwartet. Es ist, als ob unversehens die Rollen vertauscht wären: Der Täter nimmt die Position des Opfers ein, während er zugleich dem Opfer die Position des Aggressors zuweist. Der Vorwurf «Du kümmerst dich nicht genug um mich!» etwa wird meist von einem Menschen erhoben, der sich selbst herzlich wenig um andere kümmert.

Nehmen wir an, ein Familienvater hat nicht viel Zeit für seine Familie. Dennoch lebt er gern in dem Glauben, daß er ein überdurchschnittlich guter Familienvater ist. Irgendein Vorfall macht ihm bewußt, daß andere diese Meinung möglicherweise nicht teilen – ein Außenstehender fragt ihn etwa, wie seine Frau und seine Kinder damit fertig werden, daß er so wenig Zeit für sie hat. Obwohl diese selbst schon lange resigniert haben und deshalb auch keine Kritik mehr an ihm äußern, fühlt er sich nun von ihnen angegriffen. Mit großer Wahrscheinlichkeit macht er ihnen nun «aus heiterem Himmel» Vorwürfe, daß sie sich zuwenig um ihn kümmern würden, daß er ja nur das Geld verdienen dürfe, sonst aber keine Rolle spiele, daß die Frau sich nur um die Kinder sorgen würde, aber nicht um ihn etc. Dies alles geschieht in selbstgerechtem Zorn, mitunter auch mit großem Selbstmitleid: Unter beidem lassen sich Schuldgefühle gut begraben.

Da ist zum Beispiel auch die Mutter, die ihr Kind in den bevorstehenden Schulferien loswerden möchte, um ungestört zu sein. Sie arrangiert mit den Eltern eines Schulfreundes des Kindes, daß diese ihr Kind zu sich nehmen. Kurz bevor sie das Kind dort abliefert, beginnt sie ihm jedoch heftige Vorwürfe zu machen, weil es nicht zu Hause bei ihr bleiben möchte, sondern lieber zu seinem Schulfreund und dessen Eltern geht. Sie leugnet vehement ihre eigene Initiative und schiebt diese dem Kind zu, das nun nicht nur daran zweifelt, ob es in der Lage ist, auch nur eine so relativ einfache Situation zu überblicken, sondern überdies Schuldgefühle entwickelt, weil es seine liebe Mutter böswillig verläßt.

Raffiniertere Aggressoren diesen Typs poltern allerdings nicht einfach los, sondern warten eine günstige Gelegenheit ab, um ihre Projektionen unterzubringen: Ein Familienmitglied, das nicht freundlich guten Morgen wünscht, die Ehefrau, die vergessen hat, einen fehlenden Knopf am Hemd anzunähen, der Sprößling, der seine Hausaufgaben noch nicht gemacht hat – sie werden zur Zielscheibe der projizierten Selbstvorwürfe des Aggressors und deshalb mit einer Heftigkeit angegriffen, als ob sie selbst die Vorwürfe geäußert hätten. Dem Opfer solcher Angriffe sei geraten, genau zuzuhören und sich keinesfalls zu verteidigen; denn wer sich zu rechtfertigen versucht, der liefert damit bereits ein Schuldbekenntnis. Welche Verfehlungen der Aggressor auch immer seinem Opfer vorhalten mag, in Wirklichkeit spricht er nur von sich selbst und seinen eigenen Fehlern und Versäumnissen, die er um seines Seelenfriedens willen dem Opfer anhängen möchte.

Eine Frau Anfang Dreißig, Mutter zweier Schulkinder, wußte sich nicht mehr zu helfen: Nach zehnjähriger Ehe hatte ihr Mann plötzlich angefangen, grundlos eifersüchtig zu sein. Er spionierte hinter ihr her, öffnete an sie gerichtete Briefe und warf ihr vor, sich heimlich mit einem Liebhaber zu treffen. Wenn sie sich auch nur einmal um 10 Minuten verspätete, rastete er völlig aus. Obwohl die Frau alles tat, um ihm auch nicht den geringsten Anlaß zur Eifersucht zu geben, ließ sich der Mann nicht beruhigen; kaum ein Tag verging, an dem er ihr nicht heftige Vorwürfe machte. Im gemeinsamen Gespräch mit einem Psychologen, an den die Frau sich gewandt hatte, stellte sich schließlich heraus, daß nicht die Untreue der Frau, sondern die des Mannes das Problem war: Er hatte seit einiger Zeit ein Verhältnis mit seiner Sekretärin. Da er selbst seine Frau betrog, nahm er an, daß sie ebenso mit ihm verfahren würde – das entsprach seinen derzeitigen Erfahrungen, die sich alle um das Lügen und Betrügen drehten, und entlastete ihn obendrein von den Schuldgefühlen, die er gegenüber seiner Familie empfand: Im Vergleich zu den Hurereien, die er seiner Frau unterstellte, erschien sein Seitensprung mehr als harmlos und geradezu verständlich.

Der Einsatz von Feindseligkeiten zur Abwehr von Schuldgefühlen dient also letztlich der Wahrung des seelischen Gleichgewichts. Ein schlechtes Gewissen zu haben ist per se unangenehm; außerdem ist unser Selbstwertgefühl betroffen, wenn wir uns etwas vorzuwerfen haben. Da kann es schon entlastend sein, wenn wir den Urheber unseres Schuldgefühls – also jene Person, der gegenüber wir uns schuldig gemacht haben – attakkieren. Wenn wir diese Person beispielsweise nachträglich zu einem schlechten Menschen machen, dann ist klar, daß sie keine bessere Behandlung verdient hat, als wir ihr haben zukommen lassen. Oder wenn wir sie als den eigentlichen Aggressor hinstellen – dann erscheint unser Verhalten nur als Reaktion auf ihren Angriff.

Dieses Schema der Vertauschung von Ursache und Wirkung machen sich viele Action-Filme zunutze, um dem Helden, der alles, was ihm in die Quere kommt, erbarmungslos niedermetzelt, dennoch die Sympathien des Zuschauers zu sichern. Irgendwem ist ein Unrecht zugefügt worden, und nun sieht ein Mann rot: Solange er uns auf seiner Seite weiß, gibt es keinen Anlaß für ihn, sich schuldig zu fühlen, auch wenn er buchstäblich über Leichen geht.

Auch im Alltag werden Auseinandersetzungen zwischen Täter und Opfer bisweilen auf Drei-Personen-Dramen erweitert, um den Aggressor von Schuldgefühlen zu entlasten.

«Man kann die Rolle einer jeden Partei prototypisch als die des Helden, des Monsters und des Kritikers bezeichnen. Die Aufgabe des Kritikers ist es, den Helden zu bewundern und das Monster zu verabscheuen. Der Grund dafür, einen so extremen Begriff wie

‹Monster› für die andere Person, gegen die sich die Feindseligkeit richtet, zu wählen, liegt darin, daß die andere Person oft so behandelt wird, als wäre sie gar kein Mensch. Eine Fülle von Fernsehserien benutzt solche Monsterrollen, um bestimmten Helden destruktives Verhalten zu erlauben, und wir, die Zuschauer, sind dabei die Kritiker. Wenn der Held in Ordnung ist (d. h. zum Beispiel Hunde liebt, nett zu alten Menschen ist, Kinder anlächelt) und das Monster schlecht (z. B. Tiere tötet, Töchter vergewaltigt oder Kinder quält), dann empfinden wir die Gewalt, die zur Zerstörung des Monsters notwendig ist, durchaus positiv und quittieren sie mit Applaus und Wohlwollen.»[2]

Andere als Monster zu betrachten macht es möglich, ihre menschlichen Qualitäten zu ignorieren. Wenn es aber keine Menschen sind, die wir attackieren, dann brauchen wir uns auch nicht schuldig zu fühlen oder uns wegen der Feindseligkeit zu schämen, mit der wir gegen das «Monster» vorgehen. Statt Schuld und Scham empfinden «Helden» typischerweise Hochgefühle, solange sie sich der Zustimmung und Bewunderung ihres Kritikers sicher sind.

In diesem destruktiven «Spiel», das im Dritten Reich Millionen von Menschenleben gekostet hat, kommt der Rolle des Kritikers tatsächlich herausragende Bedeutung zu. Man muß nämlich davon ausgehen, daß der «Held» in all seiner Selbstgefälligkeit und Selbstgerechtigkeit auch eine ausbleibende Reaktion des Kritikers als Zustimmung wertet. Wo nicht eindeutig für das «Monster» (den Juden, den Ausländer usw.) Partei ergriffen wird, da bleibt der «Held» von jeder Einsicht in seine eigene Monströsität verschont, während das «Monster» sich tragischerweise für ein Monster zu halten beginnt. Der Psychoanalytiker Mathias Hirsch schreibt:

«Das Paradox, daß das primär unschuldige Opfer – ein Kind oder ein bloß wegen seiner politischen oder religiösen Einstellung oder

ethnischer Herkunft Gefangener – unter schweren Schuldgefühlen leidet, während der Täter weder Schuldgefühle hat noch irgendeine Schuld anerkennt, kann eigentlich nur mit der Tatsache
aufgelöst werden, daß das Opfer den Täter lebensnotwendig
braucht: das Kind seine Eltern, auch wenn sie es mißhandeln oder
mißbrauchen, und sogar – in einer archaischen Regression – das
politische Opfer den Folterer, die erwachsene Frau den Vergewal-
tiger. Das Opfer nimmt die Schuld auf sich – das ist sein Schuldgefühl –, um sich den Täter als Liebesobjekt zu erhalten.»[3]

Am 25. März 1996 wurde Jan Philipp Reemtsma vor der Tür seines Hauses in Hamburg niedergeschlagen und verschleppt. 33
Tage lang hielten ihn seine Entführer in einem Kellerraum gefangen, bevor Reemtsma wieder frei kam. Während der Zeit seiner Gefangenschaft hatte er nur zu einem seiner Entführer Kontakt. Er brachte ihm gemischte Gefühle entgegen: Angst, Haß
und auch eine mit Widerwillen und Scham empfundene
«Liebe», wie sie eben nicht nur kleine Kinder, sondern auch erwachsene Männer gegenüber ihren Peinigern empfinden. In
seinem Buch «Im Keller» spricht Jan Philipp Reemtsma von
sich selbst in der dritten Person, um Distanz vom Erlebten zu
gewinnen:

«Wie weit geht das? Weit. Einmal hatte er die Phantasie, der Entführer solle ihn trösten, ihn berühren, die Hand auf die Schulter
legen. Es fällt mir nicht leicht, das aufzuschreiben; ihm fiel es
nicht leicht, sich diesen Wunsch einzugestehen ... Bei dem
Wunsch nach körperlicher Berührung ... ist die Grenze zur Unterwerfung überschritten. Das Machtverhältnis ist eindeutig – keine
Machtverteilung, sondern ein krasses Nebeneinander von All-
macht und Ohnmacht, und der Ohnmächtige, der ‹Übermäch-
tigte›, wünscht die körperliche Zuwendung des Machthabers! Da
ist auch eine phantasierte Hand auf der Schulter extrem.»[4]

Warum die Täter ihre Schuld verleugnen

Schuldgefühle sind das Resultat einer sozusagen im Privaten gezogenen Bilanz. Diese kann ausgeglichen werden durch Wiedergutmachung und Ent-schuldigung auf der einen Seite oder aber durch diverse Abwehrstrategien auf der anderen Seite, die das geschehene Unrecht leugnen, bagatellisieren oder umdeuten, das Opfer entwerten oder es zum eigentlichen Schuldigen stempeln. Schwierig wird die Lage erst, wenn außenstehende Dritte Zeuge begangenen Unrechts werden. Denn jetzt geht es nicht mehr nur darum, der eigenen Schuldgefühle Herr zu werden, sondern vor allem, sich von tatsächlicher Schuld zu entlasten. Die Strategie der ersten Wahl besteht nun meist darin, den Zeugen in die Rolle des wohlmeinenden Kritikers zu drängen, der dem Täter applaudiert und in seine Anklagen gegen das Opfer einstimmt. Judith Herman schreibt über Gewalttäter:

«Um sich der Verantwortung für seine Verbrechen zu entziehen, fördert der Täter auf jede ihm mögliche Weise das Vergessen. Die ersten Verteidigungstaktiken des Täters sind Geheimhaltung und Schweigen. Wenn Geheimhaltung nicht mehr möglich ist, greift der Täter die Glaubwürdigkeit des Opfers an. Zu diesem Zweck bietet er ein erstaunliches Arsenal an Argumenten auf, von offenkundiger Ableugnung der Tat bis hin zu ausgefeilten und feinsinnigen Rationalisierungen. Nach jeder Gewalttat sind die gleichen Ausreden zu erwarten: Es ist nie geschehen; das Opfer lügt; das Opfer übertreibt; das Opfer ist selbst schuld; und es ist ohnehin an der Zeit, daß man die Vergangenheit ruhen läßt und in die Zukunft blickt.»[5]

Je einflußreicher der Täter, desto umfassender ist sein Vorrecht, Realität zu benennen und zu definieren, und desto glaubwürdiger klingt seine Aussage. Ist der hinzugezogene Dritte auf sich allein gestellt, kann er den Argumenten des Täters oft nicht widerstehen. Ohne unterstützendes soziales Umfeld kann sich ein Außenstehender normalerweise nicht der Versuchung entziehen, einfach wegzusehen. Die Argumentation des Täters ist um so überzeugender, als er nicht nur andere von seiner Unschuld zu überzeugen versucht, sondern obendrein sich selbst. Dabei besteht die einfachste Methode, sich aus der Affäre zu ziehen, darin, schlichtweg zu bestreiten, daß der beanstandete Vorfall überhaupt stattgefunden hat. Das Verblüffende an dieser geradezu kindlich einfältig anmutenden Strategie ist, daß sie so häufig funktioniert: Wenn schon nicht der Zeuge, so streicht doch der Täter seine Tat oft restlos aus seinem Bewußtsein.

«Das habe ich getan, sagt mein Gedächtnis, das kann ich nicht getan haben, sagt mein Stolz. Und das Gedächtnis gibt nach», schreibt Nietzsche. Als am Wahlsonntag in Schleswig-Holstein der Spiegel berichtete, Uwe Barschel habe seinen Gegenkandidaten Engholm ausspitzeln lassen, konterte der Ministerpräsident: «Erstunken und erlogen!» ... Log Barschel? Betrog er bewußt die gesamte Öffentlichkeit, indem er sein Ehrenwort gab? «Natürlich log er. Aber er selbst glaubte an seine Lüge», ist sich der Psychoanalytiker Micha Hilgers sicher. «Barschel befand sich in einer Art Tunnel und versuchte nur, irgendwie das Licht am Ende zu erreichen. Das ist in vielen Fällen – Filbinger, Waldheim, Barschel – vergleichbar: Weil die Realität nicht mit dem Selbstbild übereinstimmt, das sie sich und der Öffentlichkeit vermittelt haben, beugen sie die Realität. Sie wollen, daß die Wirklichkeit so ist, wie sie behaupten.»

Hilgers Interpretation stammt aus der Arbeit mit psychisch kranken Straffälligen an der Rheinischen Landesklinik Düren: «Der Fall, daß eine Person zunächst sagt: ‹Ich war nicht bei der Waffen-SS›, und nach längerem Überlegen ‹Mein Pferd war bei der Waffen-SS› zugibt, ist vergleichbar einem Phänomen, das häufig bei psychisch kranken Straftätern auftritt. Wir nennen das Leugnung. Ihr falsches Selbstbild wollen sie um jeden Preis bewahren. Wenn es ins Wanken gebracht wird, dann leugnen sie alles, selbst wenn man ihnen Fehler lückenlos nachweist. Und vor allem: Sie glauben tatsächlich an ihre Version. Sonst bräche ihre Identität zusammen.» Ähnliches beobachtete entgeistert Nixons Anwalt Fred Buzhardt, nachdem sich der Präsident die entscheidenden Tonbänder noch einmal angehört hatte, auf denen er die Vertuschung der Watergate-Affäre anordnete: «Er glaubte einfach nicht, daß er die Anweisungen an Haldeman gegeben hatte», erinnert sich Buzhardt, «er glaubte wirklich, was er sagte, es war rührend … Er hätte einen Test mit einem Lügendetektor bestanden.»[6] Wenn überzeugende Beweise dafür vorgelegt werden können, daß sich der Täter schuldig gemacht hat, führt die blanke Verleugnung der Tatsachen allerdings in eine Sackgasse. Um aus dieser zu entrinnen, bedarf es geschickterer Manöver, die sämtlich auf die Verleugnung der eigenen Verantwortung zielen – denn schuldig ist nach modernem Verständnis allein derjenige, der zur Verantwortung für seine Taten gezogen werden kann.

Beispielhaft seien hier die Abwehrstrategien von Sexualstraftätern angeführt, die der Psychiater Günther Deegener im Rahmen eines Forschungsprojektes zum sexuellen Mißbrauch an Kindern interviewt hat. Keiner der Täter nahm die Verantwortung für seine Tat auf sich; statt dessen wurden alle möglichen Argumente ins Feld geführt, die dazu dienen konnten, den Täter zu entlasten. An erster Stelle stand natürlich die einfache Leugnung der Tatsachen: «Ich gehör nicht zu denen, die Sie suchen, denen mit sexuellem Mißbrauch. Bei mir war alles ganz anders», meinte einer der Täter, und ein anderer äußerte die Vermutung, daß eine Verwechslung vorläge: «… vielleicht hat sie's mit einem anderen erlebt oder ist vergewaltigt worden.»[7]

Manche Täter gaben zwar den sexuellen Mißbrauch zu,

aber kein schuldhaftes Verhalten; um diesen Widerspruch aufzulösen, unterzogen sie ihre Tat einer positiven Neubewertung. «Ich habe damit auch Gutes getan, ich wollte ihr das Gefühl geben, daß sie nicht alleine ist, sie fühlte sich wohl dabei, es war auch positiv für sie, für ihr Selbstwertgefühl», gab ein Täter zu Protokoll; ein anderer fand, daß es ein erhebendes Gefühl sei, jemandem etwas beibringen zu können, und ein Dritter rechtfertigte sich mit folgenden Worten: «Es gibt heute schon 12–14jährige, die sind biologisch und geistig so voran, daß es fast kriminell ist und nicht richtig ist, daß man so jemand seine Sexualität verbietet.»

Eine weitere Abwehrstrategie der Täter bestand darin, Schuld und Verantwortung entweder dem Opfer selbst oder einem Dritten zuzuschieben. «Sie wollte es selbst. Sie war ein neugieriges Mädchen und wollte damit ihr Selbstwertgefühl aufbauen» ist ein Beispiel für Aussagen, die das Opfer belasteten; in anderen Fällen mußte die Ehefrau als Sündenbock herhalten: «Ich war es, aber es war bei mir sexueller Notstand, meine Frau wollte keine Beziehung mehr, und außerdem ist sie zu dick, da war bei mir natürlich in puncto Sexualleben Feierabend.»

Neben der Leugnung eigener Verantwortung und Schuld versuchten die Täter auch, sich selbst in einem möglichst günstigen Licht erscheinen zu lassen, als anständige Bürger und fürsorgliche Familienväter.

Derartige Strategien zur Leugnung der eigenen Verantwortung kommen nicht nur bei Politikern und Sexualstraftätern zum Einsatz, sondern lassen sich in mehr oder weniger ausgeprägter Form wohl bei den meisten Menschen beobachten. So leicht es uns einerseits fällt, uns für den Nabel der Welt zu halten, so schwer tun wir uns doch damit, uns selbst als Aktionszentrum unserer Welt zu begreifen. Bei der Beurteilung unseres eigenen Verhaltens und des Verhaltens anderer begehen wir einen systematischen Zuschreibungsfehler: Wir interpretieren unser eigenes Verhalten als Reaktion auf äußere Gegebenheiten und Personen, während wir das Tun der anderen aus ihrem «Charakter», ihrer «Persönlichkeit» herleiten. Verantwortung tragen deshalb stets die anderen, während wir selbst lediglich Opfer der Umstände sind.

Diese Fehleinschätzung gelingt es manchen Menschen sogar dann beizubehalten, wenn sie «planvoll» vorgehen, d. h. die Umstände, auf die sie angeblich nur reagieren, selbst herbeiführen. Nehmen wir an, Sie organisieren eine kleine Party; Sie bestimmen, wer wann wohin eingeladen wird, was es zu essen und zu trinken geben soll, und planen sogar die Tischordnung. Wenn Sie es nun fertigbringen, die Tatsache, daß Herr oder Frau X auf Ihrer Party neben Ihnen sitzt, als Beweis der heimlichen Liebe dieser Person zu Ihnen zu deuten (anstatt als Resultat Ihrer eigenen Planung), dann leben Sie tatsächlich in jenem Zustand der Selbstverborgenheit, der Sie zum Spielball des Schicksals zu machen scheint und Sie darüber hinaus von jeder Verantwortung entbindet. Dazu ist es allerdings notwendig, daß Sie ihre ureigensten Pläne vor sich selbst geheimhalten – da Sie dann nicht wissen, was Sie tun, können Sie im Stand der Unschuld verbleiben.

K. D. Jenkins-Hall und G. A. Marlatt haben eine solche «verdeckte» Planung bei rückfälligen Sexualstraftätern aufgedeckt, die scheinbar ohne ihr eigenes Dazutun immer wieder in Situationen geraten, in denen sie ihre Triebkontrolle verlieren müssen. Tatsächlich treffen sie eine Reihe von scheinbar irrelevanten Entscheidungen, die sie – gegen ihre eigene bewußte Absicht – an ihr Ziel führen, obwohl sie mit diesem Ziel gar nichts zu tun zu haben scheinen.[8]

Eine solche «scheinbar irrelevante Entscheidung» beschreibt W. D. Pithers am Beispiel eines Pädophilen, dessen verborgene Absicht es ist, in die Nähe von Kindern zu gelangen:

«Ein Pädophiler kommt aus seiner Haustür heraus, um einen Spaziergang auf der von Bäumen umsäumten Straße seiner vorstädtischen Wohngegend zu machen. Als er sich dem Bürgersteig nähert, entschließt er sich, nach links zu gehen. Nachdem er ein wenig gegangen ist, bemerkt er einen Schulhof voller fröhlich spielender Kinder. Da die Person sich in ihrer Nachbarschaft auskennt, müßte sie sich eigentlich bewußt gewesen sein, daß das Abbiegen nach links ihn zum Schulhof führen würde, während die Hinwendung nach rechts ihn von diesem hohen Risiko-Bereich weggeführt hätte. Die Entscheidung, nach links zu gehen, war eine scheinbar irrelevante Entscheidung ...»[9]

In der Phase der verdeckten Planung trifft der Täter eine Reihe von scheinbar nebensächlichen Entscheidungen, die der Vorbereitung einer Situation dienen, für die er keine Verantwortung übernehmen möchte. Jede dieser Mini-Entscheidungen wird von ihm gerechtfertigt durch eine Erklärung, die andere und ihn selbst zufriedenstellt und vor allem nicht die wahren Motive des Täters aufdeckt. Auf diese Weise entstehen sorgfältig inszenierte Situationen, auf die der Täter dann nur noch zu reagieren braucht: Nach seiner Darstellung sieht er sich nämlich «plötzlich» Umständen gegenüber, die ihm eine bestimmte Handlungsweise geradezu aufzwingen.

Scheinbar planlos, tatsächlich aber äußerst zielstrebig vorzugehen ist eine verblüffende Form des Selbstbetrugs, die aus jedem Täter ein Opfer macht. Er ist dann zwar ohne weiteres bereit, die volle Verantwortung für jeden einzelnen seiner Schritte zu übernehmen, aber er weigert sich, die verborgene Absicht, die hinter jeder seiner Entscheidungen steckt, anzuerkennen. Auf diese Weise kann man immer wieder «schuldlos» in Not geraten, in Auseinandersetzungen oder Dreiecksbeziehungen verstrickt werden, die Selbstbeherrschung verlieren oder andere schädigen, ohne sich jemals Rechenschaft darüber ablegen zu müssen. Das gleiche System «scheinbar irrelevanter Entscheidungen» läßt sich aber auch anwenden, wenn es darum geht, andere in unhaltbare Situationen zu bringen, ohne zugleich einsehen zu müssen, welchen Anteil man selbst am Scheitern der anderen hat.

Über ein besonders extremes Beispiel berichtete ein amerikanischer Psychiater, der die dreiundvierzigjährige Ehefrau eines ehemaligen Sexualstraftäters beriet. Dieser hatte seine damals zwölfjährige Tochter mißbraucht und war deshalb für fünf Jahre in eine Heilanstalt für Triebtäter eingewiesen worden. Nach seiner Entlassung war er wieder nach Hause zu seiner Frau und seiner inzwischen 19jährigen Tochter zurückgekehrt. Die Ehefrau war nun gekommen, um sich Rat für ihren Mann zu holen, der sich in letzter Zeit seltsam betrage. Sein Verhalten wechsele zwischen äußerster Zurückhaltung und plötzlicher Heftigkeit. Im Laufe der Gespräche stellte sich heraus, daß Mutter und Tochter sich einer Nudistenbewegung angeschlossen hatten und nun auch den Vater ermunterten, sich ihnen bei ihren Freikörperaktivitäten anzuschließen – was in etwa dem Angebot an einen Alkoholiker gleichkam, eine Bar zu eröffnen. Die heimliche Aggression im Verhalten der Ehefrau war so offensichtlich, daß es geradezu unglaublich schien, daß sie sich ihrer feindseligen Gefühle trotzdem nicht bewußt war; sie wertete ihren Versuch, den Ehemann zu straffälligem Verhalten zu provozieren, als das ehrenwerte Bemühen, ihn wieder in die Familie zu integrieren. Hätte sich ihr Mann als rückfällig erwiesen, so wäre ihr Erstaunen vermutlich groß gewesen.[10]

Viele der in diesem Buch angeführten Beispiele verdeckten aggressiven Verhaltens finden in einem solchen Zustand der Selbstverborgenheit statt. Wer etwa einen anderen isolieren will, um ihn besser kontrollieren und beherrschen zu können, der wird meist nichts von seinem Entschluß wissen. Er trifft lediglich eine Reihe von seiner Meinung nach nebensächlichen

Vorkehrungen, die in der Summe allerdings auf das heimlich erwünschte Ergebnis hinauslaufen: Er vergißt, seinem Opfer eine Nachricht von Freunden auszurichten (schließlich hat er den Kopf im Moment so voll!); er sagt Einladungen ab (weil es doch zu Hause viel gemütlicher ist); er deckt Fehler und Mängel der Freunde des Opfers auf (weil er doch verhindern will, daß dieses von rücksichtslosen Menschen ausgebeutet wird); er gerät in schlechte Laune, wenn unerwartet Besuch kommt (schließlich hat er Recht auf etwas Ruhe und Privatheit); er verbietet lange Telefongespräche (weil telefonieren doch so teuer ist) ... Wenn das Opfer sich irgendwann darüber zu beklagen beginnt, daß es sich so isoliert vorkomme, wird der Täter nur hilflos die Achseln zucken: Was kann er denn schon dafür, daß sein Opfer so unbeliebt – sozial ungeschickt – schüchtern ist?

Bei derartigen Manövern wird meist nicht nur die eigene verdeckte Planung geleugnet, sondern vor allem auch der Einfluß, den unser Verhalten auf andere hat. Im gerade angeführten Beispiel kann die soziale Isolierung des Opfers tatsächlich nur gelingen, wenn dieses vom Täter abhängig ist, sei es, daß es den Täter liebt, sei es, daß es finanziell oder sogar existentiell auf ihn angewiesen ist. Nur unter dieser Voraussetzung ist der Täter tatsächlich in der Lage, die Umwelt seines Opfers zu kontrollieren und sein Verhalten zu steuern. Gerade diese Voraussetzung eines Machtungleichgewichts zwischen Täter und Opfer wird vom Täter jedoch meist am beharrlichsten verleugnet. Er beharrt darauf, daß das Opfer – genau wie er selbst – tun und lassen könne, was es wolle. Die unterstellte Unabhängigkeit des Opfers hat wiederum den Vorteil, den Täter aus seiner Verantwortung zu entlassen. So phantasieren Männer, die ihre Kinder sexuell mißbrauchen, das Kind häufig als gleichgestellte Partnerin, die Partnerin selbst aber als übermächtige Mutter, als strafende Instanz, als sich Verweigernde, Demütigende, gegen die sich Vater und Kind in einem heimlichen Bündnis zur Wehr sezten. Verantwortung trägt in diesem Modell zuallererst die Mutter, dann das Kind. Am wenigsten: der mißbrauchende Vater.

Neben der Verleugnung des bestehenden Abhängigkeitsverhältnisses zwischen Täter und Opfer kann man auch eine phantasierte Umkehrung der tatsächlichen Machtverhältnisse beobachten. So stellen sich etwa mißhandelnde Eltern Säuglinge und Kleinkinder häufig als mächtige Gegner vor, die einen mit ihrem Geschrei und ihrer Unruhe fertigmachen wollen und gegen die man sich folglich wehren muß. Auch die berühmte Ausrede gewalttätiger Ehemänner, sie seien von ihren Frauen provoziert worden, gehört hierher: Sie unterstellt nämlich im Kern, daß es diese Frauen allein in der Hand hätten, wie sich ihre Männer benehmen.

Die Opfer sind leider meist allzugern bereit, diese Zuschreibung von Macht anzunehmen, um sich vor der Einsicht in die eigene Ohnmacht zu schützen. Hinter den Selbstbeschuldigungen mißhandelter Frauen steckt die Hoffnung, aufgrund eigener Anstrengungen doch noch etwas ändern zu können. Damit sitzen sie endgültig in der Falle: Jede weitere Ausschreitung des Täters wird nun zum Beweis für den ungenügenden Einsatz des Opfers.

Gesellschaftliche Erklärungsmuster

Die Ermächtigung des Opfers zur Entlastung des Täters folgt dem Vorbild der Hexenverfolgung: Hier wurden Frauen von höchster Instanz zunächst mit übernatürlichen Kräften ausgestattet, um dann um so vehementer gegen sie vorgehen zu können. Dieses Beispiel zeigt, daß die Mechanismen der Schuldabwehr und der Verantwortungsverleugnung keineswegs nur auf der individuellen Ebene anzusiedeln sind, sondern institutionell abgesichert sein können. Auch heute noch gibt es gesellschaftlich vorgeprägte Wahrnehmungs- und Denkmuster, die über Schuld und Verantwortung entscheiden.

So gilt es beispielsweise als ausgemacht, daß an allem, was irgendwie schiefgeht in der Familie, die Mutter die Schuld trägt. Trotz des Mangels an Beweisen werden alle möglichen Probleme der Kinder – vom Schulversagen bis zur Schizophrenie, von psychosomatischen Erkrankungen bis zur Kriminalität – darauf zurückgeführt, daß ihre Mütter versagt haben. Ein Großteil der psychologischen Forschung dieses Jahrhunderts hat mit geradezu missionarischem Eifer den Nachweis der Alleinschuld der Mütter betrieben – und somit dazu beigetragen, alle anderen Erwachsenen aus der Verantwortung für die nächste Generation zu entlassen. Insbesondere wurde auf diese Weise die Entlastung des Vaters betrieben: An seinem Verhalten ist nach gängiger Auffassung nur zu beklagen, daß er so häufig abwesend ist und deshalb nicht in der Lage, seine wohltuende Wirkung voll zu entfalten.

Da ist zum Beispiel der neue Star der Psycho-Szene, der Familientherapeut Bert Hellinger. Die Workshops des ehemaligen katholischen Priesters ziehen ganze Hundertschaften von Therapeuten und Klienten an, vor und mit denen er eine Form der Familientherapie demonstriert, die im wesentlichen darin besteht, die patriarchale Ordnung der Dinge anzuerkennen. Dazu gehört natürlich die Unterordnung der Frau, die gleichzeitig jedoch die alleinige Verantwortung für die Familie trägt.

Nehmen wir als Beispiel den sexuellen Mißbrauch des Vaters an der Tochter. Bert Hellinger schreibt:

«Inzest ist nur möglich, wenn beide Eltern heimlich verbündet sind. Es sind also immer beide Eltern beteiligt, und zwar der Vater im Vordergrund und die Mutter im Hintergrund … Wer hat den

Schlüssel, wenn sich etwas verändern soll? Den hat nur die Frau. Sie hat dann auch die Verantwortung, und nicht der Mann ... Das liegt in der Natur der Frau. Frauen fühlen sich weniger unfertig als Männer. Männer sind in ihrer Position viel unsicherer als Frauen. Das hat etwas mit der biologischen Rolle der Frau zu tun, die eine andere Größe hat als die des Mannes. Auch das Engagement und die Bindung ist viel tiefer, und das gibt ihr mehr Gewicht. Der Mann muß sich das außerhalb bitter erkaufen. Die armen Kerle werden dann Patriarchen genannt.»[11]

Bert Hellinger empfiehlt dem Inzestopfer, folgenden Satz zu sagen, um Schuld und Verantwortung in die Hände der Mutter zu legen: «Mama, für dich tue ich das gern.» Einer seiner Klienten wendet dagegen ein: «Aber was macht der Satz mit dem Vater? Der Vater verkommt dann ja zum Statisten. Er ist ja auch jemand, der etwas tut, der sich an seinem Kind vergeht. Was macht der, um das Gleichgewicht wieder herzustellen?» Darauf Hellinger: «Der Mann ist nur Blitzableiter, er ist in der Dynamik verstrickt, weil die alle gegen ihn zusammenwirken. Er ist sozusagen das arme Schwein.»[12]

Der Wahrnehmungsverzerrung, die hier deutlich wird, wo offenkundig destruktive Verhaltensweisen als nebensächlich abgetan werden, wenn sie dem Vater zugeschrieben werden müssen, und selbst minimale Anzeichen für Fehler und Mängel systematisch vergrößert werden, wenn sie der Mutter zugeschrieben werden können, unterliegen wohlgemerkt nicht nur Psychotherapeuten und andere professionelle Seelenforscher. Sie ist vielmehr ein Charakteristikum unserer Kultur, das allerdings von vielen Psychologen nicht nur nicht weiter analysiert, sondern im Gegenteil aufgegriffen und verstärkt wird: Psychotherapie ist auch Politik.

Dabei geht es in erster Linie darum, die Mächtigen über jeden Vorwurf erhaben erscheinen zu lassen. Es ist, als ob das soziale System selbst zusammenbrechen würde, wenn man diejenigen, die an seiner Spitze stehen, als Täter entlarvt – eine durchaus reale Gefahr. Eine Familie etwa, deren «Oberhaupt» sich des Mißbrauchs schuldig gemacht hat, bricht auseinander, sobald dies öffentlicher Tatbestand geworden ist. Und auch unser aller Vorstellung von einer «heilen Welt» ist bedroht, wenn man die Immunität der Mächtigen aufhebt. Also schaut man besser nicht so genau hin.

Sandra Butler interviewte Hunderte von Opfern und Tätern in Fällen von sexuellem Mißbrauch und stellte fest, daß das Netz von Verleugnung sich über die Familie hinaus auf Freunde, Verwandte, sogar Polizisten, Ärzte und Sozialarbeiter erstreckte. Exemplarisch ist der Fall von «Margaret», der Gattin eines führenden Politikers in einer mittelgroßen Stadt der USA, die darauf aufmerksam wurde, daß ihr Mann die fünfjährige Tochter mißbrauchte. Ihr Mann bestritt, daß seine «Spiele» mit der Tochter in irgendeiner Hinsicht zu beanstanden seien. Die Schwägerin versicherte, daß das in der Familie «nun mal so sei», Margaret solle sich keine weiteren Gedanken machen. Einige Jahre später erzählte ihr jedoch der 14jährige Sohn, daß er von seinem Vater bei einem Campingausflug vergewaltigt worden sei. Als Margaret sich daraufhin an einen Anwalt wandte, schlug dieser ihr vor, den Jungen in ein Internat zu schicken – damit wäre der Fall gelöst. Die Verwandten des Mannes beharrten gegenüber Margaret darauf, daß sie «überreagiere» und mit der Situation doch wie «ein zivilisierter Mensch» umgehen, d. h. nichts unternehmen solle. Der Direktor der Schule, auf die ihr Sohn ging, bot an, diesen zu beraten, sah aber auch keinen Sinn darin, etwa mit dem Vater selbst zu sprechen – und so ging es weiter von einer Instanz zur nächsten. Alle beschworen Margaret, die Fassade zu wahren, das heißt, so zu tun, als wäre nichts geschehen.[13]

Dieses Vorgehen findet häufig die stillschweigende Billigung sogar des Opfers: Es ist eher bereit, sich selbst die Schuld an einem ihm zugefügten Unrecht zu geben als denen, von denen es abhängig ist. Gerade Kinder kommen früher oder später unweigerlich zu dem Schluß, daß sie nur deshalb mißbraucht oder mißhandelt worden sind, weil sie selbst böse sind.

> «Mißbrauchte Kinder stürzen sich früh auf diese Erklärung und glauben fest daran, weil sie sich so den Glauben an einen Sinn, Hoffnung und Macht bewahren können: Wenn das Kind böse ist, dann sind die Eltern gut. Wenn es böse ist, kann es versuchen, gut zu werden. Wenn es aus irgendeinem Grund selbst an seinem Schicksal schuld ist, hat es vielleicht auch die Macht, das Schicksal zu ändern ... Häufig bestätigen die Eltern das mißbrauchte Kind in dem Gefühl, im Innersten böse zu sein, weil sie einen Sündenbock brauchen.»[14]

Auch in Alltagstheorien und wissenschaftlichen Analysen wird häufig dem Opfer, nicht dem Täter die Schuld für begangenes Unrecht zugeschoben. Sigmund Freud etwa erfuhr von vielen seiner Patienten, daß sie als Kinder von einem nahen männlichen Verwandten, meist dem Vater, mißbraucht worden waren. Zunächst zog er daraus den naheliegenden Schluß, daß das seelische Leid seiner Patienten durch diese traumatische Erfahrung verursacht war. 1896 machte Freud ein befremdetes Fachpublikum mit dieser Ansicht zum Ursprung der Neurose bekannt, die ihn fast seine wissenschaftliche Karriere kostete. Denn man war natürlich nicht sonderlich erbaut zu erfahren, daß die Töchter und Söhne honoriger Bürger Opfer sexueller Angriffe gewesen waren, noch dazu von seiten ihrer eigenen Verwandten. Auch Freud selbst rückte bald wieder von der «Verführungstheorie» ab; er gab öffentlich bekannt, einen Fehler begangen zu haben, als er die Äußerungen seiner Patienten für bare Münze genommen hatte. Tatsächlich hätten seine Patienten ihre eigenen sexuellen Phantasien mit realen Erlebnissen verwechselt.

Mit diesem Eingeständnis war die Ursache kollegialen Mißmuts beseitigt. Aber es erhob sich erneut die Frage nach der Ursache neurotischer Störungen. Indem Freud psychische Störungen nun auf die unbewußte Triebnatur des Menschen zurückführte, bestimmte er Sexualität und Unbewußtes, zentriert um die Kindheitsthematik, als Angelpunkte der Psychoanalyse. Der Widerruf der Verführungstheorie gilt als ihre eigentliche Geburtsstunde. Aber es ist zugleich ein Mord an der Wahrheit gewesen: Um die wahren Täter zu schonen, hatte Freud die offene Gewalt der Väter in geheime Phantasien der Kinder umgedeutet und damit seine Patienten für die von ihnen erlittenen Qualen selbst verantwortlich gemacht.

Neben der (Selbst-)Beschuldigung des Opfers gibt es noch einen zweiten, ebenfalls äußerst prekären Weg, um sinnlosen Grausamkeiten nachträglich Sinn zu verleihen und die Täter zu entlasten. Dabei geht das Opfer (und häufig auch außenstehende Beobachter) nicht davon aus, daß es selbst böse war und seine Bestrafung folglich verdient hat, sondern im Gegenteil davon, daß es «auserwählt» ist. Was es erdulden muß, beweist nur, daß es etwas Besonderes ist oder für etwas Besonderes bestimmt ist.

Da ist zum Beispiel ein Junge, der von seinen Eltern mit äußerster Strenge erzogen wird. Was andere Kinder dürfen, darf er noch lange nicht, und für jedes noch so kleine Vergehen wird er unnachgiebig bestraft. Er ist ein stilles Kind, dem schon die gemeinsamen Mahlzeiten zur Qual werden, weil er dabei unweigerlich das Mißfallen seiner Eltern erregt: Wie er sitzt, wie er kaut, wie er die Gabel und das Messer hält – alles kann Anlaß einer Beanstandung werden. Obwohl seine Eltern ganz offensichtlich sadistisch sind, möchte der Junge sie verständlicherweise nicht dafür halten. Er stattet sie vielmehr in seiner Phantasie mit Vorzügen aus, die sie aus der Menge der Menschen deutlich hervorheben. Und statt seine eigene Lage als aussichtslos anzusehen, hält der Junge auch sich selbst für privilegiert: Wenn seine Eltern alles, was er tut, und seien es auch die nebensächlichsten Dinge, so wichtig nehmen, dann bedeutet dies, daß er selbst eine wichtige Person ist, einem Königssohn vergleichbar, der ebenfalls einer strengeren Zucht unterworfen ist als «gewöhnliche» Kinder.

Auch die Bereitschaft, eine Erniedrigung in eine Erhöhung umzudeuten, folgt einem kulturell vorgegebenen Muster mit langer Tradition: Schon Jesus Christus selbst, Gottes Sohn auf Erden, wurde durch sein Leiden erhöht. Er war sogar bereit zu sterben, um an der Machtvollkommenheit seines Vaters teilzuhaben. Und wie viele Mitglieder religiöser Gemeinschaften und Sekten haben sich seitdem in der Vorstellung, auserwählt zu sein, von ihren Anführern ausbeuten und quälen lassen! Der Glaube, zu Höherem bestimmt zu sein, ist wahrscheinlich mindestens so schwierig aufzugeben wie der Glaube, sich schuldig gemacht zu haben, also wertlos zu sein.

Beides würde bedeuten, daß alles Leiden des Opfers ganz umsonst gewesen ist, und schlimmer noch, daß die Macht selbst böse ist, weil sie das in sie gesetzte Vertrauen mißbraucht.

Die dunkle Seite der Macht

In dem Hollywood-Epos «Krieg der Sterne» kämpft der junge Luke Skywalker auf der Seite der «Guten», der Revolutionäre, repräsentiert durch eine Frau, gegen das allmächtige Imperium. Im Verlauf der Handlung stellt sich heraus, daß Dars Veda, der unmittelbare Adjutant des Imperators und sein schlimmster Scherge, Lukes eigener Vater ist. Dieser bietet seinem Sohn nun die Teilhabe an der «dunklen Seite der Macht» an, wenn er mit dem Imperium kollaboriert und seine eigenen Leute verrät.

Schließlich droht er sogar damit, seinen Sohn zu töten, falls dieser nicht einwilligt. Doch dann siegt die Vaterliebe über den Machtwillen. Dars Veda rettet seinen Sohn und dessen persönliche Integrität; er selbst muß sterben, das Imperium wird vernichtet.

Im wirklichen Leben geht es bekanntlich meist weniger dramatisch zu als im Roman oder Film. Die grundlegenden Konflikte bleiben die gleichen; daraus erklärt sich der Erfolg der Fiktion. Dieser Erfolg beruht beim «Krieg der Sterne» aber auch auf der ungewöhnlichen Lösung des Konflikts zwischen Macht und Moral: Am Schluß triumphieren die «Guten» über die dunkle Seite der Macht. Dies ist erfreulich, aber nicht allzu realistisch: Die Geschichte der Menschheit wie auch individuelle Lebensgeschichten liefern reichhaltiges Anschauungsmaterial dafür, daß das «Imperium» oft genug bestehen bleibt.

Deshalb teilen wir alle ein grundsätzliches Mißtrauen gegenüber Macht und Machtausübung. «Und nun ist die Macht an sich böse», schrieb Jakob Burckhardt 1868, «gleichviel wer sie ausübe. Sie ist kein Beharren, sondern eine Gier und eo ipso unerfüllbar, daher in sich unglücklich und muß also andere unglücklich machen.»[15] Savonarola, der Renaissance-Mönch, hielt es deshalb für notwendig, der Macht ein Gewissen zu verleihen, und auch heute noch konstruiert ein weitverbreitetes Vorurteil einen engen und positiven Zusammenhang zwischen Macht und Verantwortung. Unserem demokratischen Glaubensbekenntnis zufolge bedingen sie einander wechselseitig. Wer Verantwortung trägt, der hat auch Einfluß und Macht, und wer Macht hat, der trägt auch Verantwortung. Denn es soll ja gerade die höhere Verantwortung sein, welche die größere Machtfülle rechtfertigt. Tatsächlich besteht jedoch ein antagonistisches Verhältnis zwischen Macht und Verantwortung, wie Birgit Rommelspacher in ihrem Buch «Mitmenschlichkeit und Unterwerfung» dargelegt hat:

«Es ist eine allgemeine soziale Erfahrung, etwa im Rassismus oder in der Klassenherrschaft, daß den Schwächsten oft die Schuld für Mißstände zugeschoben wird. So wird diese Schuldzuschreibung bereits zum Ausdruck gesellschaftlicher Hierarchie. Der Mächtige wälzt seine Schuld auf den jeweils Schwächeren ab. Das ist die einfachste Lösung. Denn den Vorwurf gegen einen noch Mächtigeren richten, würde bereits Widerstand bedeuten. D. h. die reale Hierarchie von Macht wird häufig zusätzlich dadurch abgesichert, daß ihr eine umgekehrte Hierarchie von Verantwortung entgegengesetzt wird.»[16]

Salopp ausgedrückt: Der Mörder ist immer der Gärtner, denn die Herrschaften, bei denen er angestellt ist, können es nicht gewesen sein, weil sie eben Herrschaften sind. Nicht die Macht ist also mit einem Gewissen ausgestattet, sondern die Ohnmacht. So kommt es mitunter auch zu der jedes Gerechtigkeitsempfinden irritierenden Situation, daß dem Opfer selbst die Schuld für seine Mißhandlung zugeschoben wird und dieses die Schuldzuschreibung sogar akzeptiert, um sich den Glauben an die unendliche Güte und Unfehlbarkeit der Mächtigen zu bewahren.

Denn jenseits aller Vorbehalte gegenüber Macht und Machtmißbrauch nähren wir auch die Hoffnung auf eine Macht, die uns schützt und fördert, die unser Wohlergehen im Auge hat. Es ist dies der berechtigte Anspruch des kleinen Kindes an seine Eltern, des Bürgers an den Rechtsstaat. Wenn er nicht eingelöst wird, so geben wir unsere Hoffnung auf eine wohlwollende Macht noch lange nicht auf, sondern finden eine Vielzahl von Ausreden und Entschuldigungen für ihr Versagen. Für Kinder ist die Illusion, von einer gütigen Macht abhängig zu sein, eine Überlebensnotwendigkeit. Solange sie ihre Abhängigkeit nicht überwinden, die Realität selbst nicht verändern können, besteht ihre einzige Option darin, die Realität zu beschönigen. Erwachsene müssen sich jedoch von dem Glauben freimachen, daß die, mit denen sie es zu tun haben, immer nur ihr Bestes wollen. Wie auch umgekehrt anzuerkennen ist, daß wir selbst nicht nur als Opfer, sondern auch als Täter in Frage kommen.

Dies ist allerdings der Punkt, an dem der naive Glaube an die Unfehlbarkeit und Güte der Mächtigen häufig umschlägt in die blinde Verleugnung der (eigenen) Macht. Wer Macht ausübt, der bekommt dies schließlich nicht selbst zu spüren. Es sind jeweils andere, die ihren Willen zu beugen haben. Aus diesem Umstand rührt auch die Selbstgefälligkeit der Macht: Sie begreift sich als Tüchtigkeit, Intelligenz, Durchsetzungsvermögen, Attraktivität – selbst da, wo sie den größten Schaden anrichtet. Um der Macht ein Gewissen zu verleihen, muß sie also zuallererst von sich selbst wissen: Menschen in Machtpositionen müssen sich ihrer Macht bewußt sein, um sie nicht zu mißbrauchen – guten Willen einmal vorausgesetzt. Das gilt nicht nur für Herrscher über ganze Königreiche, sondern auch für normale Bürger, nicht nur für den Ausnahmezustand des Krieges, sondern auch für den Alltag.

Gerade im tagtäglichen Umgang miteinander wird jedoch der Tatbestand selbst, daß Menschen Macht übereinander ausüben, massiv geleugnet. Anderswo mag die Macht vielleicht die Beziehungen der Menschen zueinander durchdringen, nicht jedoch bei uns, in den westlichen Demokratien, in den Gesellschaften der Gleichen. Hier geht man mit «Macht» um, «… als handele es sich um ein schmutziges Wort und als sei schon die ausdrückliche Anerkennung ihrer Existenz etwas Liebloses und Undemokratisches …» bemerkt der Psychotherapeut Michael Miller.[17] In intimen Beziehungen, zwischen Eltern und Kindern, zwischen Liebes- und Ehepartnern, unter Freunden, hat Macht unserer Meinung nach nichts zu suchen. Deshalb haben wir es gerade hier oft mit Machtverhältnissen und Machtkämpfen zu tun, zu denen die Beteiligten sich nicht bekennen und die deshalb um so eher destruktive Züge annehmen können.

Was uns Macht und deren möglichen Mißbrauch dennoch erkennen hilft, sind ihre Methoden: Aggression ist fast durchgängig das Mittel des Stärkeren, seine Interessen durchzusetzen, während die Position des Schwächeren vor allem dadurch gekennzeichnet ist, daß sie ihm Aggressionsverzicht abverlangt. Wer sich einem anderen gegenüber in der überlegenen Position befindet, weil er älter, stärker, sozial privilegiert oder weniger auf den anderen angewiesen ist, als dieser auf ihn, der steht damit also unausweichlich vor der moralischen Herausforderung, die Tatsache seiner eigenen Überlegenheit und damit auch seiner Verantwortung anzuerkennen – oder aber diese Überlegenheit stillschweigend zu nutzen. In der unterlegenen Position kann man aus der Not eine Tugend machen und die eigene Schwäche als moralische Vollkommenheit verklären – man tut schließlich nichts Böses, wenn man die Macht zum Bösen nicht hat. Eine andere Möglichkeit besteht darin, die eigene Unterlegenheit zu überwinden, um endlich selbst zu denen zählen zu können, die Schläge austeilen, statt sie einstecken zu müssen. In der frühen Erfahrung von Abhängigkeit und Hilflosigkeit, die alle Menschen teilen, liegt eine der Wurzeln des Strebens nach Macht und Autonomie: Auf niemanden angewiesen, niemandem verpflichtet zu sein ist das beste Schutzmittel gegen Aggression.

Jeder sein eigener Herr: Diese Lösung wäre perfekt, wenn sie sich auch nur annähernd realisieren ließe. Die Gnade der Autonomie des einzelnen ist zwar im Grundsatzprogramm der Moderne festgeschrieben, aber nicht jedem und zu jeder Zeit faktisch gegeben. Wir alle haben Phasen in unserem Leben zu bestehen, in denen wir auf den Beistand anderer angewiesen, vom Wohlwollen unserer Mitmenschen abhängig sind. Außerdem bedeutet die Gleichstellung der Menschen, wie sie Idee und Ideal der Autonomie des einzelnen fordert, offenbar eine so große Aufforderung zum Rivalisieren, daß sich friedliche Verhältnisse auf diesem Weg kaum erreichen lassen. Dem Bedürf-nis nach Unabhängigkeit steht überdies ein gleichstarkes Be-dürfnis nach Nähe und Bindung entgegen; diesem nachzuge-ben ist aber wiederum gleichbedeutend mit dem Verlust der eigenen Autonomie. Der pompöse Begriff «Macht» sollte uns nicht darüber hinwegtäuschen, daß zu den Mächtigen nicht nur Könige, Politiker und Wirtschaftsbosse zählen, sondern auch all jene, denen wir freiwillig Macht über uns und unser Leben ein-geräumt haben, jene also, an die wir gebunden sind und die über diese Bindung auch ihren Einfluß auf uns geltend machen können.

Der Konflikt zwischen Autonomie und Bindung war tradi-tionellerweise im Verhältnis der Geschlechter zueinander auf-gehoben: Männer beanspruchten die autonome Position für sich allein, den Frauen war es vorbehalten, Abhängigkeit und Bindung zu leben und damit zugleich auf jede aggressive, selbst-behauptende Lebensäußerung zu verzichten. Mit der zuneh-menden Auflösung der traditionellen Geschlechtsrollen und der damit verbundenen Aufgabenteilung zwischen den Ge-schlechtern wird dieser Ausweg jedoch allmählich versperrt: Wer will noch seinen Anspruch auf Autonomie aufgeben, wenn – wie im Buchtitel der Soziologin Ute Erhardt – ‹gute Mädchen zwar in den Himmel, böse aber überall hin› kommen?

So bleibt nur der Schluß, daß überall dort, wo Menschen zusammenkommen, unweigerlich auch mit deren Aggressio-nen zu rechnen ist. Es kann nicht darum gehen, dies zu verbie-ten – was wiederum hierarchische Verhältnisse voraussetzt, an deren Spitze jemand Immunität genießt – oder einfach nicht wahrhaben zu wollen. Vielmehr brauchen wir einen gekonnten, zivilisierten, vielleicht auch ritualisierten Umgang mit Aggres-sionen. Einen Umgang jedenfalls, der es sich zum Ziel setzt, Ag-gression möglichst unverstellt wahrzunehmen und auf der Ver-antwortung jedes einzelnen unnachgiebig zu bestehen.

Auswege:
Was Sie tun können, wenn Sie im Privaten Opfer solcher Aggressionen geworden sind

Menschen beeinflussen einander tagtäglich, und das nicht immer nur zum Guten. Tatsächlich sind eine Vielzahl menschlicher Verhaltensweisen allein darauf gerichtet, andere zu schädigen, zu schwächen oder in Angst zu versetzen, um so die eigene Position zu stärken. Aggressionen treten auf in Form von nackter Gewalt und offenen verbalen Mißhandlungen; häufiger noch verbergen sie sich unter zivilisierten Menschen aber hinter einer Maske scheinbaren Wohlwollens, die mitunter schwer zu durchschauen ist.

«Gaslichttechniken» wie Lüge, Täuschung, Betrug und Intrigen, die unsere Realitätssicht verzerren und auf diese Weise unsere Handlungs- und Entscheidungsfähigkeit einschränken; Erwartungen und Forderungen, die uns an der Realität scheitern lassen und uns dadurch demoralisieren; Zuschreibungen, die uns auf bestimmte Verhaltensweisen und Rollen festlegen und damit unser Selbstbild untergraben; Entwertungen, die unser Selbstwertgefühl unterminieren – all diese Formen indirekter Aggression greifen uns nicht direkt an, sondern auf Umwegen, zeugen weniger von Brutalität denn von psychologischer Raffinesse. Aber sie sind deshalb nicht weniger gefährlich als offene Aggression.

Denn auch wenn wir keine körperlichen Schäden davontragen, so wird doch häufig unsere seelische Gesundheit beeinträchtigt, wenn wir es über längere Zeit hinweg mit einem «Verrücktmacher» zu tun haben. Angst, Niedergeschlagenheit bis zur Depression, Hilf- und Hoffnungslosigkeit, Minderwertigkeitsgefühle und Leistungsstörungen können die Folge davon sein, daß wir in Beziehungen gefangen sind, die uns aus dem inneren Gleichgewicht bringen. Solche Beziehungen sind stets durch eine extreme Unausgewogenheit der Macht- und Abhängigkeitsverhältnisse charakterisiert, selbst wenn sie nach außen hin partnerschaftlich organisiert zu sein scheinen. In manchen Fällen, insbesondere in der Eltern-Kind-Beziehung, besteht für das Opfer ohne einen helfenden Eingriff von außen überhaupt keine Möglichkeit, sich gegen den Aggressor zu behaupten. Man kommt um die Einsicht nicht herum, daß Kinder den destruktiven Verhaltensweisen ihrer Eltern über Jahre hinweg hilflos ausgeliefert sein können.

Erwachsene befinden sich, objektiv betrachtet, in einer günstigeren Position; selbst wenn ökonomische, soziale und emotionale Abhängigkeiten vom Aggressor bestehen, ist das Opfer nicht so existentiell auf den Täter angewiesen wie ein Kind auf seine Eltern. Dennoch wird die Situation subjektiv häufig so empfunden: Die Demoralisierungsstrategien des Überlegenen machen den Unterlegenen über kurz oder lang zu einem verunsicherten Kind, das alleine nicht zurechtzukommen glaubt. Das vom Aggressor implantierte Gefühl der eigenen Wehr- und Wertlosigkeit hält das Opfer oft auch dann in einer zerstörerischen Beziehung gefangen, wenn es deren Destruktivität längst durchschaut hat. Überdies versteht es der Aggressor zumeist, im Opfer immer wieder die Hoffnung aufkeimen zu lassen, daß sich doch noch alles zum Guten wenden ließe: Durch gelegentliche Zeichen von Liebe, Anteilnahme und Großherzigkeit wird das Opfer dazu verführt, seine Anstrengungs- und Unterwerfungsbereitschaft noch zu erhöhen. Die positive Zuwendung des Täters zum Opfer erfolgt dabei jedoch so unbeständig und unberechenbar, daß sich daraus kein echtes Gefühl der Sicherheit ergeben kann. Das Opfer fühlt sich vom Täter abwechselnd angezogen und abgestoßen, wobei es nicht den Mut aufbringt, seine Gefühle spontan und direkt zu äußern, da es jederzeit mit einer Zurückweisung rechnen muß.

Im allgemeinen verursachen Verrücktmacher zwei gegensätzliche Impulse in ihren Opfern: sowohl den Wunsch wegzulaufen als auch die Angst davor. In dieser seelischen Pattsituation reduzieren sich die Interessen des Opfers häufig auf ein einziges Ziel: auch unter widrigsten Umständen zu überleben. Das Prekäre daran ist, daß ein Ausweg nicht mehr gesucht wird; statt dessen kommt es zur Vervollkommnung der Fähigkeit, sich anzupassen.

Sie sind in einer Beziehung den direkten oder indirekten Aggressionen eines anderen erlegen,
- wenn Sie sich in seiner Gegenwart angespannt und ängstlich fühlen;
- wenn Sie bei allem, was Sie sagen und tun, auf der Hut sind, weil Sie die Reaktionen des anderen fürchten;
- wenn Sie glauben, unaufhörlich Beweise der eigenen Anhänglichkeit, Dienstbereitschaft und Vertrauenswürdigkeit erbringen zu müssen;
- wenn Sie keine Forderungen zu stellen wagen und Auseinandersetzungen vermeiden, weil Sie sich dem anderen nicht gewachsen fühlen;
- wenn Sie jeder Versuch, eigene Bedürfnisse durchzusetzen, soviel Kraft kostet, daß Sie das Gefühl haben, es sei die Sache nicht wert;
- wenn Sie im vorauseilenden Gehorsam die Forderungen des anderen erfüllen, noch ehe dieser sie ausgesprochen hat;
- wenn Sie das Gefühl haben, immer alles falsch zu machen;

- wenn Sie häufig einen Eiertanz aufführen, um eine Zurechtweisung durch den anderen zu vermeiden;
- wenn Sie sich nicht sicher genug fühlen, eine vom anderen abweichende Meinung zu vertreten, ihm zu widersprechen oder sein Verhalten zu kritisieren;
- wenn Sie um des lieben Friedens willen praktisch alles tun, was der andere von Ihnen verlangt.

All diese Verhaltensweisen sind Zeichen übergroßer Anpassung und damit auch eines übergroßen Anpassungsdrucks, der eine echte Gefährdung für Ihre seelische und/oder körperliche Gesundheit sowie Ihre persönliche Integrität darstellt. Sie haben in dieser Lage nur zwei Möglichkeiten: Sie können die Beziehung zum Aggressor abbrechen, oder Sie können sich ernsthaft darum bemühen, das Machtungleichgewicht in dieser Beziehung zu Ihren Gunsten zu verändern. Unrealistisch ist es, darauf zu hoffen, daß der Aggressor freiwillig und auch dann, wenn es gegen seine persönlichen Interessen geht, davon abläßt, Sie zu attackieren. Wenn Sie die Beziehung aufrechterhalten wollen, müssen Sie vielmehr deutlich an Stärke gewinnen, so daß sich schließlich zwei gleichwertige Gegner gegenüberstehen, die gleichermaßen mit Machtmitteln ausgestattet sind und mit der Bereitschaft, sie einzusetzen.

Dies ist wohlgemerkt kein Plädoyer dafür, sich in endlose Machtkämpfe mit dem Partner, dem Chef, den Eltern oder wem auch immer, der Ihnen als Aggressor gegenübertritt, zu verstricken. Und es ist schon gar nicht als Aufforderung zu verstehen, nun Ihrerseits andere «fertigzumachen» und «kleinzukriegen». Es geht vielmehr darum, der Aggression Grenzen zu setzen, indem man sie in reglementierte Bahnen lenkt. Wie die Menschheitsgeschichte lehrt, ist die Kultivierung und Reglementierung von Aggression aber nur da möglich, wo Waffengleichheit herrscht. Jahrhundertelang galt es deshalb als unehrenhaft, einen Schwächeren niederzumachen. Gerade dies ist aber das Kennzeichen jener Form von destruktiver Aggression, von der in diesem Buch die Rede ist: der Verzicht auf den ehrlichen, offenen Kampf mit einem gleichrangigen Gegner sowie die fehlende öffentliche Ebene der Austragung von Konflikten.

Wenn Sie dagegen fair handeln und fair behandelt werden wollen, dann müssen Sie auf zweierlei bestehen: auf einem Gleichgewicht der Kräfte und auf Öffentlichkeit. Dabei wird das Kräfteverhältnis häufig schon dadurch ausbalanciert, daß eine Beziehung ver-öffentlicht wird. Wenn Sie sich bislang in der unterlegenen Position befunden haben, dann scheuen Sie sich also nicht, Dritte einzubeziehen. Es gibt keinen Grund, sich schuldig zu fühlen oder zu schämen, weil man zum Opfer der Aggressionen eines anderen geworden ist. Die Unterstützung von Freunden, Verwandten, von einem Therapeuten oder auch von einem Anwalt vermag Ihre Position deutlich zu stärken. Verhängnisvoll ist es allerdings, sich lediglich in seinem Status als Opfer bestätigen zu lassen; Sie gewinnen dabei nichts als ein Gefühl moralischer Überlegenheit und die Neigung, dies fälschlicherweise als echte Stärke zu deuten. Statt sich weiterhin ausschließlich über die Beziehung zum Aggressor zu definieren, müssen Sie – notfalls mit fremder Hilfe – so viel Eigenständigkeit entwickeln, daß Sie dem Aggressor aus dieser Position heraus Grenzen setzen können. Es gibt nachweislich nur eine einzige Reaktion auf Aggression, die etwas bewirkt: die konsequente Weigerung, sie zu tolerieren.

Literatur

Vorwort: «Edel sei der Mensch, hilfreich und gut»

1 Freud, S.: Gesammelte Werke, Bd. IXV. Frankfurt a. M. 1971, S. 494.
2 Machiavelli, N.: Discorsi. Gedanken über Politik und Staatsführung. Stuttgart 1978, S. 93.

Physische Gewalt und verbale Mißhandlung in privaten Beziehungen

1 Forward, S.: Liebe als Leid. München 1988, S. 61 f.
2 Berkowitz, L.: The Frustration – Aggression – Hypothesis Revisited. In: Berkowitz, L.: Roots of Aggression, New York 1969.
3 Lorenz, K.: Das sogenannte Böse. Wien 1963, S. 298.
4 Senett, R.: Autorität. Frankfurt a. M. 1985, S. 114.
5 Prantl, H.: Fünf Jahre für Raub des Zeltes, vier Jahre für Vergewaltigung, Süddeutsche Zeitung vom 5./6. 10. 1996.
6 Herman, J. L.: Die Narben der Gewalt. München 1994, S. 157.
7 Benard, Ch., Schlaffer, E.: Im Dschungel der Gefühle. Reinbek 1987. S. 41.
8 Wagner, A. C.: «Ich kann mich nicht wehren!» – Das Aufhören von Imperativen in der Therapiepraxis. In: Rommelspacher, B. (Hg.): Weibliche Beziehungsmuster. Frankfurt a. M. 1987, S. 202.
9 Herman, J. L., a. a. O., S. 50.
10 Finkelhor, D.: Child Sexual Abuse. London 1984.
11 Leites, E.: Puritanisches Gewissen und moderne Sexualität. Frankfurt a. M. 1988, S. 167.

12 Hokanson, J. E.: Psychophysiological Evaluation of the Catharsis Hypotheses. In: Megargee, E. J. und Hokanson, J. E. (Hg.): The Dynamics of Aggression. New York 1970.

13 Vgl. auch *Der Spiegel*, 9. 3. 1998 (11), S. 74.

14 Schwarzer, A., *Emma*, Heft 12, 1980, S. 21.

15 Campbell, A.: Zornige Frauen, wütende Männer. Wie das Geschlecht unser Aggressionsverhalten beeinflußt. Frankfurt a. M. 1995.

16 Campbell, A., a. a. O., S. 107.

17 Zitiert bei: Rothen, D.: Hier stehe ich – rühr mich nicht an. Wie Frauen sich aus Gewaltbeziehungen befreien können. Freiburg 1995, S. 19 f.

18 Beauvoir, S. de: Auge um Auge. Artikel zur Politik, Moral und Literatur. 1945 – 1955. Reinbek 1987, S. 76.

19 Conte, J. R., Wolf, S., Smith, T.: What Sexual Offenders Tell Us about Prevention Strategies. Child Abuse and Neglect, 13, S. 293–301, 1989.

20 Miller, A.: Am Anfang war Erziehung, Frankfurt a. M. 1980, S. 128.

21 Miller, A., a. a. O., S. 142.

22 Campbell, A., a. a. O., S. 115.

23 Chasseguet – Smirgel, J.: Zwei Bäume im Garten. Zur psychischen Bedeutung der Vater- und Mutterbilder. München–Wien 1988, S. 49.

24 Chasseguet – Smirgel, J., a. a. O., S. 51.

25 Herman, J. L., a. a. O., S. 156.

26 Miller, A.: Das Drama des begabten Kindes. Frankfurt a. M. 1979, S. 24.

27 Niederland, W. G.: Der Fall Schreber. Frankfurt a. M. 1978.

28 Schatzman, M.: Die Angst vor dem Vater. Hamburg 1978.

29 Niederland, W. G., a. a. O., S. 93.

30 Bryer, J. B., Nelson, B. A., Miller, J. B. und Krol, P. A.: Childhood Sexual and Physical Abuse as Factors in Adult Psychiatric Illness. *American Journal of Psychiatry*, 144 (1987), S. 1426 – 1430.

31 Briere, J., Zaidi, L. Y.: Sexual Abuse Histories and Sequelae in Female Psychiatric Emergency Room Patients. *American Journal of Psychiatry*, 146 (1988), S. 1602 – 1606.

Die verheerenden Folgen verdeckter Aggressionen

1 Institut für angewandte Sozialwissenschaft (Infas): Arbeitsatmosphäre und Arbeitszufriedenheit. Bad Godesberg 1992.

2 Goodrich, Th. J.: Frauen und Macht. Neue Perspektiven für die Familientherapie. Frankfurt a. M. 1994, S. 72.

3 Palazzoli, M. S., Cirillo, S., Selvini, M., Sorrentino, A. M.: Die psychotischen Spiele in der Familie. Stuttgart 1992.

4 Palazzoli, M. S. et al., a. a. O., S. 173.

5 Johnson, A. M., et al.: Studies in Schizophrenia at the Mayo Clinic 2: Observations on Ego Functions in Schizophrenia. *Psychiatric*, 19, 1959, S. 143–148.

6 Searles, H. F.: Das Bestreben, den anderen verrückt zu machen – ein Element in der Ätiologie und Psychotherapie der Schizophrenie. In: Bateson, G. et al.: Schizophrenie und Familie. Frankfurt a. M. 1969, S. 136.

7 Bateson, G., Jackson, D. D., Haley, J., Weakland, J. W.: Auf dem Weg zu einer Schizophrenie-Theorie. In: Bateson, G. et al., a. a. O., S. 29.

8 D. Laing, R. D.: Mystifizierung, Konfusion und Konflikt. In: Bateson, G. et al., a. a. O.

9 Laing, R. D.: Das Selbst und die Anderen. Reinbek 1977, S. 127.

10 Atwood, M.: Katzenauge. Frankfurt a. M. 1990, S. 143.

11 Kafka, F.: Der Prozeß, Frankfurt a. M. 1991.

12 Atwood, M., a. a. O., S. 230.

13 Ferenczi, S.: Ohne Sympathie keine Heilung. Das klinische Tagebuch von 1932. Frankfurt a. M. 1988, S. 91.

14 Berne, E.: Was sagen Sie, nachdem Sie «Guten Tag» gesagt haben? Psychologie des menschlichen Verhaltens. Frankfurt a. M. 1990, S. 128.

15 Berne, E., u. a. O., S. 271.

16 Laing, R. D., a. a. O., S. 124.

17 Laing, R. D.: Das geteilte Selbst. Köln 1994, S. 87.

18 Kafka, F.: Brief an den Vater, Frankfurt a. M. 1991, S. 7.

19 Miller, A.: Das Drama des begabten Kindes. Frankfurt a. M. 1979, S. 26.

20 Halpern, H.: Abschied von den Eltern. Hamburg 1978, S. 18.

21 Evans, P.: Worte, die wie Schläge sind. Reinbek 1995, S. 112.

22 Heyne, C.: Täterinnen. Offene und versteckte Aggression von Frauen. Zürich 1993, S. 104.

23 Kohut, H.: Narzißmus. Frankfurt a. M. 1973, S. 326.

24 Kernberg, O.: Borderline-Störungen und pathologischer Narzißmus. Frankfurt a. M. 1988.

25 Erdheim, M.: Die gesellschaftliche Produktion von Unbewußtheit. Frankfurt a. M. 1982.

26 Senett, R.: Autorität. Frankfurt a. M. 1985, S. 105.

Ziel der Aggressionen: andere beherrschen

1 Ripa, Y.: La Ronde des Folles. Femme, Folie et Enfermement au 19. Siècle. Paris 1886. Zitiert bei: Aries, P., Duby, G. (Hg.): Geschichte des privaten Lebens, Bd. 4, Von der Revolution zum Großen Krieg. Frankfurt a. M. 1992, S. 129.

2 Chesler, Ph.: Frauen – das verrückte Geschlecht. Reinbek 1974, S. 8.

3 Benard, Ch., Schlaffer, E.: Die ganz gewöhnliche Gewalt in der Ehe. Reinbek 1982, S. 77.

4 Richter, H.-E.: Patient Familie. Reinbek 1970, S. 60.

5 Lee, J., Stott, B.: Richtig wütend. München 1994, S. 63.

6 Sulzer, J.: Versuch von der Erziehung und Unterweisung der Kinder 1748; zitiert nach K. Rutschky (Hg.): Schwarze Pädagogik. 1977, S. 173 f.

7 Steiner, C.: Wie man Lebenspläne verändert. Paderborn 1982, S. 76 f.

8 Stadtjugendamt München (Hg.): Münchner Elternbriefe. München 1983.

9 Fürntratt, E.: Angst und instrumentelle Aggression. Weinheim 1974, S. 283.

10 Bowlby, J.: Trennung. Psychische Schäden als Folge der Trennung von Mutter und Kind. Frankfurt a. M. 1986, S. 276.

11 Newson, J., Newson, E.: Four Year Olds in an Urban Community. London 1968.

12 Fürntratt, E., a. a. O., S. 235.

13 von Matt, P.: Liebesverrat. Die Treulosen in der Literatur. München 1989, S. 66.

14 Evans, P., a. a. O., S. 40.

15 Forward, S.: Liebe als Leid. München 1988, S. 14.

16 Bernard, J.: The Future of Marriage. New York 1972.

17 Bernays, A.: My Brother Sigmund Freud. *American Mercury*, 1940, S. 334–340.

18 Sutton-Smith, B., Rosenberg, B. G.: The Sibling. New York 1970.

19 Jacobson, E.: Depression. Frankfurt a. M. 1983, S. 377.

20 Klagsbrun, F.: Der Geschwisterkomplex. Frankfurt a. M. 1993, S. 134.

21 Richter, H.-E.: Eltern, Kind und Neurose. Reinbek 1969, S. 153.

22 Zitiert bei Stephan, I.: Das Schicksal der begabten Frau im Schatten berühmter Männer. Stuttgart 1990, S. 7.

23 Benard, Ch., Schlaffer, E., a. a. O., S. 83.

24 Zitiert nach Stephan, I., a. a. O., S. 201.

25 Zitiert nach Stephan, I., a. a. O., S. 210.

26 Freud, S.: Die Identifizierung. Gesammelte Werke Bd. 13, Frankfurt a. M. 1971, S. 116.

Ziel der Aggressionen: sich selbst seelisch entlasten

1 Minuchin, S., Rosman, B. L., Baker, L.: Psychosomatische Krankheiten in der Familie. Stuttgart 1981.

2 English, F.: Episcript and the «Hot potato»-game. *Transactional Analysis Bulletin*, 8, 1969, S. 77–82.

3 Baumeister, R. F., Smart, L., Boden, J. M.: «Ich bin der Größte – oder etwa nicht?» *Psychologie heute*, 8, 1996.

4 Laing, R. D.: Das Selbst und die Anderen. Reinbek 1977, S. 114.

5 Rattner, J.: Der schwierige Mitmensch. Frankfurt a. M. 1973, S. 38.

6 Zitiert bei: Richter, H.-E.: Eltern, Kind und Neurose. Stuttgart 1963, S. 203.

7 Richter, H.-E.: Patient Familie. Reinbek 1970, S. 59.

8 Bach, G. R., Goldberg, H., a. a. O., S. 171.

9 Bowlby, J., a. a. O., S. 319.

Und wer trägt die Verantwortung?

1 Hirsch, M.: Schuld und Schuldgefühl. Göttingen 1997.

2 Horowitz, M.: Klinische Phänomenologie narzißtischer Pathologie. In: Kernberg, O.: Narzißtische Persönlichkeitsstörungen. Stuttgart 1996, S. 34 f.

3 Hirsch, M., a. a. O., S. 259.

4 Reemtsma, J.-Ph.: Im Keller. Hamburg 1997, S. 178.

5 Herman, J. L., a. a. O., S. 18 f.

6 Willenbrock, H.: Wenn die Blase platzt. *SZ-Magazin* vom 3. 2. 1995.

7 Diese und alle weiteren in diesem Zusammenhang angeführten Zitate finden sich bei Deegener, G.: Sexueller Mißbrauch: Die Täter. Weinheim 1995, S. 101 ff.

8 Jenkins-Hall, K. D., Maraltt, G. A.: Apparently Irrelevant Decisions in the Relapse Process. In: Relapse Prevention with Sex Offenders. (Hg. Laws, D. R.), New York 1989.

9 Zitiert bei Deegener, G., a. a. O., S. 119.

10 Bach, G. R., Goldberg, H., a. a. O., S. 51.

11 Weber, G. (Hg.): Zweierlei Glück. Die systemische Psychotherapie Bert Hellingers. Heidelberg 1995, S. 144.

12 Weber, G., a. a. O., S. 89.

13 Butler, S.: Conspiracy of Silence: The Trauma of Incest. San Francisco 1978.

14 Herman, J. L., a. a. O., S. 145.

15 Burckhardt, J.: Weltgeschichtliche Betrachtungen. In: Gesamtausgabe, Bd. VII, Basel 1929, S. 73.

16 Rommelspacher, B.: Mitmenschlichkeit und Unterwerfung. Frankfurt a. M. 1992, S. 104.

17 Miller, M. V.: Liebe Macht Angst. München–Wien 1996, S. 133.